U0011655

讓尼采當你的心理師

Friedrich Wilhelm Nietzsche

朱賢成
주현성
著

오늘 잃어버린 자존감을 찾았습니다 :
온전한 나를 만드는 니체의 자존감 회복 수업

CONTENTS

第三章

擺脫虛假的自尊心

第四章

停止取悅他人，脫離被期待的人生

前言

想解決情緒困擾，先找回失去的自尊

人都會有失誤的時候。失誤時，我們都會後悔地想「我當時怎麼會那麼做？」甚至抱頭痛哭；其實，截至目前爲止這樣的反應，在所難免，不過，許多人始終無法「放下」這些失誤，甚至因爲這些錯誤，而持續否定自己、貶低自己。

這些人在異性或人際關係中稍有不如意時，就會以自己太矮、太醜、經濟不夠寬裕爲藉口，自怨自艾；換言之，他們經常會陷入一種「事情一不順心就以個性不好、感覺遲鈍、回應不夠得體等，批評自己的個性或處事態度」的狀態。即便是平時自信滿滿、能理直氣壯爲自己發聲的人，都會在遇到一點意外時，找盡各種理由嫌棄自己。

這樣的人，其實是不信任自己、沒有自信，也就是個沒有自尊的人。

自尊高的人不會輕易灰心喪志，因爲他們總是相信自己，所以即便工作或人際關係出了點問題，他們也不會批評自己。他們會將批評自己的時間，用於盡快找出原因、尋找解決方案。

他們無時無刻都尊重自己、對自己坦承，所以不會做出不必要的犧牲、不會埋怨或責怪他人、不會拼命和他人比較，也不會在意他人的目光；他們總是抬頭挺胸，開創屬於自己的人生。

雖然，近來越來越多人漸漸地了解到自尊的重要性，對於自尊的關注也逐漸提升，也終於明白自尊才是眞正的「自愛」，慢慢地從不安與灰心喪志中解放。不過光是知道這一點，並不能徹底改變一切。**因為，雖然我們理性上知道必須愛自己、相信自己，卻無法運用在實際生活中。**

你是否經常這樣呢？即便已經決定「不要再這樣」、「下次不會再這樣了」，卻從來不會改變。而之所以始終不會改變，是因爲人們雖然口中說要愛自己，卻無法堅定那顆愛自己的心所致。這就像是和一位自己不愛的異性來往，卻要立刻燃起眞正的愛火一樣。

那麼我們究竟該怎麼做？才能做到眞正「愛自己」呢？

在此，我大膽地說，我們可以，也必須從尼采身上尋找答案。我相信尼采的金玉良言，會成爲這個問題的唯一解答。假若你無論如何安撫自己，日子卻仍然艱困、卻仍要面對令你想結束生命的絕望時刻，那麼我認爲你該來見見尼采了。

尼采（Friedrich Wilhelm Nietzsche，一八四四～一九〇〇年）出生後罹患許多遺傳疾病，一輩子受到各種疼痛、失眠所苦，甚至還經歷失戀、孤單，以及他傾注一生的個人思想，不受任何青睞。不過他並沒有埋怨自己的人生，更沒有因此感到挫折。在這無法逃離的痛苦泥淖中，他反而學會了「戰勝」、「昇華痛苦」的方法，並將那些痛苦的經歷轉換成對生命的領悟，融入個人的思想中。

尼采是個每一剎那都愛著自己、相信自己的人。在承受無數痛苦的時刻、人人皆疏遠他的時刻，**他仍然愛護、珍惜自己，更愛著自己殘酷的命運。這才是擁有極高自尊的人所應具備的姿態，才是每個時刻均能樂觀以對的高自尊者。**

或許有些人會批評尼采的莽撞、堅定的意志只是一種固執。但不可否認的是他的思想，對今天的我們來說，已經成了理所當然的世界觀，甚至支配著我們，不是嗎？所有人都尊崇尼采爲現代哲學之父，並在許多著作中引用其字字珠璣的話語；他是藉著永無止盡的樂觀、無堅不摧的自尊重建個人生命、改寫世界價值的勝利者。

日子卡關時，就找尼采聊聊天

本書將介紹尼采的生命、思想，以及他如何擁有堅定自尊的方法。尼采的思想核心關鍵是「超人」，這是他爲樂觀之神、爲高自尊者所取的名字。而他的代表作品《查拉圖斯特拉如是說》是一本指引之書，帶領我們抵達不輕易受任何情緒影響的高自尊之路。

爲了幫助各位更清楚、生動地理解這本知名卻令人摸不著頭緒的指南，我將借用美國心理學家羅哲斯的心理學理論進行說明。卡爾・羅哲斯（Carl Ransom

Rogers，一九〇二～一九八七年）把尼采的思想運用在許多臨床實驗上，並透過這些實驗歸納出心理學理論。**我將透過羅哲斯的理論，提出尼采的「權力意志」與「超人思想」的實踐方法，並指出一條更簡單、明確的道路，幫助我們恢復自尊。**

我從尼采與他的書中，找到許多能幫助我堅定自尊、愛自己的提示，也學會了更多幫助自己重新開始、活出自我的技巧。我覺得這些尼采的寶貴教誨不應只有我個人獨享，因此才花了許多時間撰寫這本書。希望這本書能幫助各位恢復自尊、生活過得更踏實。也希望各位在闔上這本書的瞬間，原本懵懵懂懂、讀起來十分晦澀的《查拉圖斯特拉如是說》，對你而言將不再咬文嚼字，一知半解。

最重要的是，我想恭喜各位從今天開始，將為「找回失去的自尊」踏出第一步，而且只要找回失去的自尊，從此就可以免於被情緒左右，活出更自在自由的人生。

第一章

如何以最快樂的方法享受痛苦？

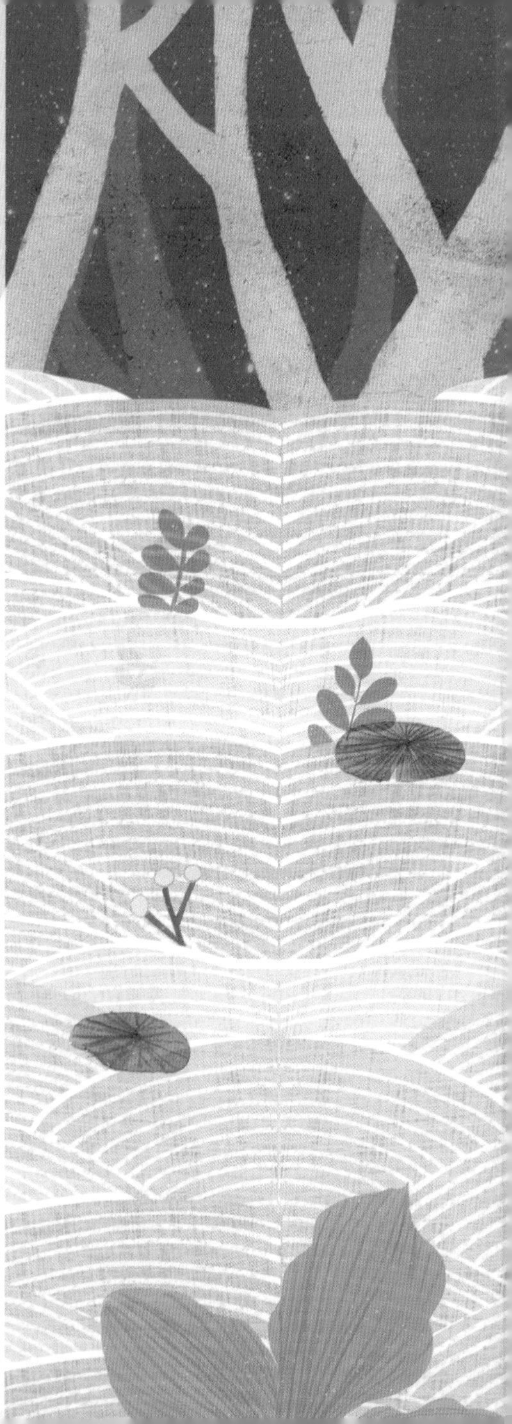

人們將改變，宛如像是已在心中見識過無數可能性一般。

——《人性的，太人性的》

在尼采之前，心理學並不存在

後人經常用「現代哲學之父」來形容尼采。

尼采以理性爲號召，打破了長久以來只追尋單一眞理的歐洲傳統，是拓展現代哲學思想的先驅。他是存在主義、後現代主義、解釋學等現代主流思想的重要依據，也影響了包括馬丁・海德格（Martin Heidegger，一八八九～一九七六年）、米歇爾・傅柯（Michel Paul Foucault，一九二六～一九八四年）、雅克・德希達（Jacques Derrida，一九三〇～二〇〇四年）等著名現代哲學大師。法國後現代主義哲學家德勒茲（Gilles Deleuze，一九二五～一九九五年）曾說：「現代哲學多虧尼采才得以存活，如今也依靠著尼采延續其生命」。

此外，赫曼・赫塞（Hermann Hesse，一八七七～一九六二年）、安德烈・紀德（Andre Gide，一八六九～一九五一年）、法蘭茲・卡夫卡（Franz Kafka，一八八三～一九二四年）等眾多作家也都追隨尼采的思想，以文學作品詮釋了尼采的眾多見解。尼采留下許多格言及《查拉圖斯特拉如是說》等作品，證明他不僅是一位哲學家，更是一位詩人和文學家。不過他以心理學家的身分，對現代心理學帶來莫大的影響卻鮮爲人知；事實上，尼采曾激動地提及自己是心理學家一事：

在我之前，究竟有誰可以既是哲學家又是心理學家？那些人不是心理學家，根本是「高水準的詐欺犯」，是「理想主義者」而已吧？在我出現之前，根本沒有人能稱為心理學家。而或許此刻成為第一位心理學家，對我來說反而是種詛咒。總之，這肯定是命中注定。

——節錄自《瞧，這個人》

活躍年代早於佛洛伊德（Sigmund Freud，一八五六～一九三九年）幾年的尼采，已經在其著作開始闡述本能、潛意識、身體、壓抑、忘卻能力、昇華等佛洛伊德的主要思想。奧地利精神分析學家奧托．格羅斯（Otto Gross，一八七七～一九二〇年）斷定：「佛洛伊德是以科學的方式，執行了尼采的想法＊。」這位佛洛伊德最出色的學生，實際上也十分熱衷研究尼采。由此可見，佛洛伊德著名的學生們，之所以會手捧尼采的著作並離開佛洛伊德，絕非偶然。

比佛洛伊德更具影響力的心理學家

不久前，在一般大衆之間掀起一股旋風的阿德勒（Alfred Adler，一八七〇～一九三七年），事實上他也是佛洛伊德的學生，但他卻以尼采「未向外發散的所有本能，都會向內發展」的觀點，解釋失眠。他以尼采思想的核心「權力意志」爲主軸，建立起自己的心理學理論架構。

除此之外，佛洛伊德的學生榮格（Carl Gustav Jung，一八七五～一九六一年），同樣也運用尼采在《不合時宜的考察》提出的「適度的藝術」與「放縱的藝術」，創造人類的多元性格類型。而佛洛伊德的最後一位學生奧托・蘭克（Otto Rank，一八八四～一九三九年）也一樣，尼采強調以藝術克服人生苦難的思想，完整反映在蘭克重視藝術與意志力的心理學理論中。

此外，以《活出意義來》一書為人所熟知的維克多・弗蘭克（Viktor Frankl，一九〇五～一九九七年），同樣透過阿德勒承繼了尼采的思想。尼采的「明白生命為何而活的人，能夠承受任何方法」這句話，支持著他自集中營倖存，他也運用這樣的經驗強調生命的意義，創造「意義治療法」。他以尼采的思想做為基礎前提，主張生命是必然的壓力。

由此可見，以上這些著名現代心理學大師大多受到尼采的影響，我們自然能從這一點推測出尼采所具備的心理學深度：尼采是一位心理學先驅，是生動描繪

＊路易斯・科曼（Louis Corman），《深度心理學家尼采》（直譯，*Nietzsche : psychologue des profondeurs*），一九八二年出版。

現代人生命的代言人，也是人生的指導者。

事實上，尼采以《人性的，太人性的》一書爲始，明確地向世界闡述了過去未曾展現，隱藏在人類內心的欲望。而他深奧的心理洞察，也打破了過往僅以理性和語言掛帥的哲學概念。尼采其冷靜透徹地揭露人類的內在，令人們追溯屬於每一個人的欲望與意志，展現一個人所應擁有的、眞正自由的生命樣貌。他的文字當中，也處處提及朝向自由前進的具體方法。

那麼，尼采這些冷靜透徹的省察究竟從何而來？爲何能如此領先時代，提出這些鞭辟入裡的洞察？該如何從衆多的痛苦之中，獲得絕不動搖的正面力量？

當然，要達到這樣的成就，也必須歸功於尼采龐大的學術涵養，以及其老師叔本華（Arthur Schopenhauer，一七八八～一八六〇年）的影響。不過，我們也可以從更根本的地方，找到問題的答案：尼采從他痛苦且殘酷的命運，以及他戰勝這一切的不屈自尊，不僅令他脫胎換骨，更留下許多發人深省的心理學哲思，持續影響著後世。

痛苦的禮物

尼采的父親因受天生的遺傳疾病所苦，在三十六歲那年病逝，結束了短暫的人生。而尼采自然也無法擺脫遺傳疾病的詛咒，這個痛苦，在十多歲時找上他：他的身體彷彿每一節骨頭都要脫落，且血液滾燙燃燒的疼痛，時常伴隨著他。他必須承受隨時要失去視力的痛苦，以及彷彿有人在掏挖大腦般的頭痛；他的胃總是翻騰，不斷經歷有如要將內臟全部吐出的嘔吐感。幾天、幾夜無法好好睡上一覺，令他精神渙散、虛脫無力，瘦成一副皮包骨。這就是尼采的每一天。尼采面對身體痛苦的心境，曾完整呈現在他寫給朋友的信件中：

「我的狀況比任何時候都可怕，眞是令人擔心。我實在想不通，自己究竟是如何活過過去四個星期。」、「有時候我會想，也許過了今夜我便會消失在這個世界上。」、「死還比較好！」

然而，遺傳疾病並不只限於肉體的痛苦。由於是遺傳疾病，所以每當痛苦來襲，對命不該絕的父親的記憶，便會轉化成對死亡的恐懼。很快的在一八九七年，他每隔兩天便需要承受一次痛苦，這樣的經驗共重複了一百八十八次。曾經以天才學者聞名的他，最後只能放棄教授的職位。儘管如此，尼采在無止盡的痛苦之中，仍不停地創造屬於自己的思想。不過在前方等待著他的，卻是一個又一個的試煉：著作出版後立即遭受學界的揶揄、批評，甚至被大眾徹底排擠。在無盡的疏遠與無視之下，只能靠自費出版宣揚個人思想的他，又必須承受失戀、孤獨的痛苦，他人生的最後十年甚至是在精神錯亂中度過。

現今許多視爲理所當然的哲思，皆源自尼采

然而，卽便尼采經歷了眾多痛苦，他仍堅持到最後不曾放棄，試圖以自己的思想影響卽將來到的「現代」。他成爲改變世界的鎚子，矗立在歷史的洪流中。

「個人想法」、「個人價值」、「非道德」等如今我們視爲理所當然的衆多思想與感受，都是源自於尼采。

那麼我們不能不問，尼采究竟是如何戰勝衆多痛苦？這些經驗又如何成爲改變世界的哲學、成爲挖掘人類內心的心理學？更重要的是，他究竟透過這些痛苦獲得了什麼，才使他不屈不撓地以個人的哲學與信念堅持到最後。

終於，我在尼采痛苦的生命中找到了答案。**尼采透過痛苦獲得許多領悟，是他能心存感激地將這一切視為命運的饋贈：**

關於我重病的那段時間，尚未能將當時所獲得的一切完全應用的時間，我將不對其表達感激，也不與其道別。人們會明白的。而多虧了我反覆無常的健康狀況，我才能領先所有魯莽且愚昧的靈魂。

——《歡悅的智慧》

我們能從他的文字、他的作品中，窺見那些痛苦所帶給他的「禮物」。

痛苦增加我們的學識

尼采曾表示：「『殘酷的疾病』與『痛苦』帶給他極大的轉變」，他甚至說過這是「超越想像的巨大變化」。

尼采在大病初癒的恢復期也曾說自己處在「無法不帶著感動，去回想那段時期的中間狀態」。那麼究竟是什麼樣的變化，能夠令尼采如此感謝痛苦？首先，尼采點明是與日常事物的斷絕：

人們臥病在床時會對許多事情有所領悟。有時甚至會意識到個人自身的日常職責、工作，甚至是人際關係都受疾病所苦，也因此忘記更深入探索自我。

受疾病迫使而擁有的閒暇，使人們獲得這樣的智慧。

——《人性的，太人性的》

事實上，即便不是尼采，許多大病初癒的人也都有過類似的經驗。**巨大的痛苦破壞了眼前一切事物的流動，進而成為專注自我身心的契機**。長期的住院生活，能夠令人們瞬間跳脫受工作所困的生活模式；我們在半自願、半強迫的情況下，擁有回顧自身的餘裕。若像尼采那樣長期受痛苦的折磨，斷絕的力量或許就會更加強大。

而斷絕也會帶來其他的改變。那是一種讓我們以不同於以往的觀點和角度，看待這個世界的「精神變化」：

即便不談這一切帶來的知性益處，擺脫深深的孤獨、所有的義務與習慣後，獲得突如其來的自由，仍能使受殘酷疾病所苦之人，以令人畏懼的冷靜角度看待世界。對他來說，健康之人眼中所見的，被眾多事物包圍、那些不值一提卻能使人盲目的魅力都消失殆盡。不，在那之前，他將會一絲不掛、不帶任何色彩地矗立在自身面前。若他一直以來始終活在危險的幻想之中，那麼如今他將透過這樣的痛苦，尋回極致的冷靜，這將成為助他擺脫幻想的手段。或許也是唯一能擺脫幻想的手段。

——《朝霞》

痛苦，使人更加茁壯

持續困擾自我的極度痛苦，會使人專注於自我的身體與生命，進而藉由這樣的方式，回顧過去的社會義務、習慣，以及曾經爭先恐後貪圖的眾多欲望；這有如撇開至今為止所熟悉的一切事物，重新以不同的角度看待世界。

這麼一來，當我們拋開過去學習的、習以為常的道路、價值與方法之後，將會有更多前所未見的道路、多元價值、各式各樣的方法在眼前開展。

人們將改變，宛如像是已在心中見識過無數可能性一般。

——《人性的，太人性的》

是的。疾病與痛苦就是爲我們帶來全新觀點的機會，也是招來全新認知的魚鉤。**這麼一來，疾病就不只是痛苦，而是我們遭遇的艱困考驗，或者說是類似艱困考驗的事物，不是嗎？在難以承受的考驗與絕望之中，我們可能粉身碎骨，但也可能發現過去不曾意識到的真實欲望、全新觀點、全新價值。**

當然，我不想因此斷言我們的生命就必須伴隨痛苦與考驗，因爲我們能透過尼采的許多建言，也能在羅哲斯的心理學幫助之下，毫無痛苦地發現這些新穎的事物。

受殘酷疾病所苦之人，
能以令人畏懼的冷靜角度，看待世界。
——《朝霞》

破繭重生的身體

艱困的考驗與逆境所創造出來最具價值的禮物，就是「感受」本身的變化。它超越了單純的思考方式，能進一步改變身體。而當身體改變之後，即便不刻意轉換想法、刻意燃燒意志，也能使一切徹底改變；而這正是最重要之處。

最後，我要說最重要的話。從這樣的地獄之中、從嚴重的疾病與令人對自我產生懷疑的病痛中恢復的同時，人類將重獲新生。褪去老舊的外殼，變得更加敏銳、更加壞心，也將能以更成熟的態度面對喜悅。人類將以更細膩的味覺體察美好的事物、在更愉快的感受與喜悅之中，擁有比此刻更加危險的第二種喜悅。人類將重生為更天真浪漫、比現在更聰明伶俐百倍的模樣。

——《歡悅的智慧》

舉例來說，請試著想像一頭豹變成樹懶，如此一來牠將不再想要奔跑；請試著想像一個男人變成女人，他本能上將不再受女人所吸引。如上所述，身體改變之後，過去僅靠想法與意志無法改變的事物，將隨之改變，感受世界的方式也會跟著不同，可謂是眞正的「脫胎換骨」。

那麼**上面所說的「第二種喜悅」又是什麼呢？那是在說擺脫出生、成長過程中學習、熟悉的習慣與傳統觀念、習慣與偏見，恢復身體擁有的、未受汙染的純粹感受與反應**。如此一來，人類將帶著新的感受與反應重生，變得天真浪漫，有如呱呱墜地的新生兒一般：

> 直到現在，他才產生彷彿第一次睜開眼看見周遭世界的感受。他驚訝地屏息而坐，自己究竟身處何方？那些曾經備感親切的事物，如今有多麼大的改

變！這些事物在這段期間，究竟獲得了什麼魅力？他感激的環顧……。他忘了自我，那是無庸置疑的事實。如今他才終於看見自己。──那時，他發現了一件令人驚訝不已的事情！啊！未知的顫慄……被痛苦席捲的同時靜靜地坐著培養自己的耐心，以及躺在陽光下是多麼愉快的事情！有誰能夠如此深刻理解冬季的幸福，以及陽光照耀在牆上時浮現的光斑？唯有身體處在恢復期，再度朝向生命邁進者懂得。

──《人性的，太人性的》

我想那是莫大的喜悅、歡喜。此時尼采的領悟，令我聯想到修道僧經歷長期的修練後，終於獲得領悟的歡愉。平凡地過著日常生活的我們，無法輕易揣測那樣的喜悅。不如試著想想曾經臥床不起的經驗如何？

試著去感受重病痊癒後的喜悅

生過幾天重病的人都明白，在每一剎那都必須承受極致的痛苦、氣喘吁吁地熬過險峻的關卡之後，才能懂得每一刻都能健康且自然的呼吸，能帶給人們多大的喜悅與平靜。唯有無法好好吃下一口飯的人，才能明白能如願嚥下的一口白飯，有多麼甜美。而擺脫如地獄般的病榻後跨出每一步的喜悅，又是多麼令人置身雲端，而當下照耀在身上的陽光，是多麼美麗、和煦……。尼采與修道僧所感受到的或許不僅止於此，而是更超越其上的感受與變化，也說不定。

沒錯。極致的痛苦爲身體帶來的改變並不只是「抽象的意志」或「希望」，而是徹底改變「感受」本身：不是帶來浮躁心情、悲壯覺悟的「誇大意志」或「虛言」，而是用全身感受、發現的感受。**尼采追求的超人，便是能以全然不同的觀點感受、享受、喜歡這個世界的人。所以超人是僅僅存在，就能感受喜悅與自信之人**。就像久病纏身之後，好不容易恢復健康的人所感受到的喜悅一樣。或許，尼采會認爲他人所擁有的庸俗喜悅不值一提，是件理所當然的事也未可知。

痛苦能治癒悲觀的思維

極度的痛苦能改變想法、改變感覺。一旦感覺改變、身體改變，對生命的態度就會從根本有所改變。一舉手一投足、日常的一切，都將以截然不同的感受靠近，感受生命的方式自然也與過往不同；甚至，就連對整個世界、對自我生命的判斷標準，也都會徹底翻轉。

過去對世界十分悲觀的人、認爲整個世界毫無意義的人，如今將以不同的角度看待世界、以不同的感受感覺世界。因此，尼采才會說就連最堅定不移的厭世主義者，都會因爲這段痛苦的時期而停止厭世。

我對自我與生命有全新的認識。我品嘗到一切美好的事物，甚至是其他人無法輕易感受的瑣碎小事。我將我的健康意志與生命意志，打造成我的哲學。……請注意這一件事！我生命力最脆弱的那一年，是我真正放棄當一個厭世主義者的時刻。潛藏在我內心重建自我的本能，遏止了我悲慘、沮喪的哲學。

——《瞧，這個人》

改變的身體，將不再呼應挫折的心或悲慘的想法，因爲我們具備的本能是渴望活下去，是企盼讓生命力開出生機盎然的花朵。

身體的痛苦，能帶來心靈的成長

改變的身體只會渴望、接受對自己有益的事物，將不再渴求憂鬱的感受與情緒。改變者將不再相信、接受憂鬱的生命，或許，該說他們變得再也感覺不到憂鬱，更爲準確。如此一來，他便從對一切感到憂鬱的厭世主義者，轉變成爲能以喜悅、有益的態度看待一切的樂觀之神。

那麼我們根本上可以從什麼地方了解到「我們很好」？一個過得好的人，會做自己感覺良好的事！他的肉體與精神天生堅強又有彈性，同時也會散發好聞的味道！我們能夠從這些地方知道。

他只會感覺到對自己有益的事物，若跳脫對自己有益的範圍，他的滿足與喜悅便會停止。他能猜出如何根除有害事物，他能夠使偶然的逆境成為對自己有用的環境。但凡不能殺死他的，必將使他更強大。他本能地蒐集自己所見、所聽、所聞的一切，創造出屬於自己的總和。他的選擇依靠原則，放棄其他多餘的事物。

——《瞧！那個人》

若開始每天都能歡喜地，接受生活中每個層面發生的事，那樣的喜悅就能戰勝一切。每個瞬間感受到的喜悅，將會使現在的憂鬱與逆境，轉變成歡喜的冒險：

我們經歷這漫長、險峻的自律訓練，最終成為另一個人。……我對X的喜悅過於龐大，如今那份喜悅能像熱一般融化問題的艱困、所有不確定的危險，甚至是所愛之人的嫉妒。我們將會認識到全新的幸福。

——《歡悅的智慧》

接納不公平，才能獲得力量

尼采與自己的痛苦正面對決，且在戰勝痛苦後得到昇華。不過，並非所有人在經歷痛苦之後都能變得堅強、獲得意想不到的禮物。爲了使痛苦成爲禮物，還需要尼采所帶來的某樣東西：就是將加諸在自己身上的痛苦、不幸與不公平，看成生命中極爲自然的一部分：

學習到世上存在著必然的不公，理解那些不公絕對無法與生命切割。

——《人性的，太人性的》

這其實就是要我們正視人生在世，絕對無法避免痛苦的眞相。無論是肉體的痛苦還是精神的折磨，都必須承認痛苦隨時在我們左右。尼采相信，這是沒有人能逃脫的自然法則，也用自己的身心接受這件事。**他主張痛苦才是活著的證據，唯有死亡才能真正擺脫痛苦**。對尼采而言，所謂健康的人是得過病的人；健康之人並不是沒有機會得病的人，而是戰勝許多疾病後獲得抗體的人。眞正健康的精神，也是克服所有逆境之後，使精神獲得抗體之人。正因如此，尼采才有辦法不將發生在自身的痛苦，看成是神所降下的詛咒，而是當成生命中必然發生，得以激勵、解放自我的禮物。

> 即便是足以滅絕脆弱人類的外在痛苦，對倖存者來說仍只是成長的養分。倖存者絕不會稱痛苦為疼痛。
>
> ——《歡悅的智慧》

換言之，唯有我們接受不公平的時候，才能眞正獲得戰勝痛苦與殘酷命運的力量。當我們將這些不公平視作理所當然時，這些不公平反而會成爲我們的力量、能力，能使環境成爲評價自我排序的場域。**這一切都是因為，人的力量取決於多能忍受痛苦，就多麼能將這些痛苦內化成自我價值。**

> 我用人們承受多少抵抗、痛苦與孤獨，以及能將多少考驗轉化為自身的利益，評斷一個人所擁有的權力意志。
>
> ——《權力意志》

痛苦使我們堅強

正因尼采這樣理所當然地將自己殘酷的命運，視爲對自我價值的考驗，才能戰勝衆多的痛苦，也才能在自己罹患重病時不露一絲病容。唯有接受不公平，將一切接納成爲自己的東西時，我們才能獲得與所有不幸對抗、戰鬥的勇氣。

> 凡殺不死我的，必使我更強大。
>
> ——《偶像的黃昏》

當然，要理解不公平並接納其成爲生命的一部分並非易事。幸好，尼采留下無數的著作與建議給我們。他的著作中，一一記錄了尼采如何接受自己生命中的不公平，並進一步戰勝個人痛苦、戰勝世界的多種觀點與方法，而其中最具代表性的便是《查拉圖斯特拉如是說》。

所有的「痛苦的禮物」都在這本書裡，而理解這本書的過程中，也是將衆多贈禮內化的過程。現在我們該來讀讀《查拉圖斯特拉如是說》了。然而，在開始讀這本書之前，首先必須介紹研究尼采的著名德裔美籍學者瓦爾特・阿諾德・考夫曼（Walter Kaufmann，一九二一～一九八〇年）曾說過的這句話：「若忽視尼采哲學的心理學性格，那必將誤解尼采。」*

現在，我們必須從心理學的角度理解尼采的文章與作品，所以讓我們把考夫曼的這句話銘記在心，再來踏出理解《查拉圖斯特拉如是說》的第一步。

---

* 金正賢，《哲學與心理的治癒：尼采深層心理學哲學諮商治療》（直譯，철학과 마음의 치유），二〇一三年出版。

第二章

究竟是誰在支配著我們？

我要求你！
成爲堅強的人、擁有堅強的僞裝。
若能讀完我的書，
那麼你將與我變得親近。

——《歡悅的智慧》

究竟，我在過誰的人生？

世人不分你我，人人都爲了幸福而努力。爲了進入好大學、爲了進入好職場、爲了組織和睦的家庭、爲了維持圓滿的人際關係。

但我想問問各位，一路走來，你是否眞的找到自己理想的事物、做了自己理想的選擇？難道不是只因爲讀的學校是知名大學、只因爲分數剛剛好而選擇特定科系就讀，進而決定自己的未來嗎？

有些人因爲自己來自醫生世家而就讀醫學院、因爲是法律世家而讀法學院；有些人則因爲是家中唯一的希望，便浪費無數的歲月準備自己不想要的考試；又有些人只因爲是長男或長女，就必須擔起家務。

現在的社會，已不再是一個儒教國家，但「揚名立萬」這樣的儒教教條，似乎仍支配著我們；家族名譽與體面將我們牢牢束縛，使我們動彈不得。即便是那些自認不太受儒教影響的自由人，也都同樣隨時束縛著自我。

有些人背負著社會正義的枷鎖，有些人則拚了命想打破權勢，也有人竭盡全力讓自己不被菁英集團所淘汰。有人因為自己是男人而不能哭，有人則因為是女人而不能抬頭挺胸地為自己發聲；有人怕被指責幼稚而不敢說出想說的話，有人則怕被說小氣而總是承受損失。我們身邊滿是這些自己並不想要，卻被視為理所當然該做的事；**就連理所當然地追尋的夢想，都分不清究竟是自己的期待，還是他人的期許了。**

你有認眞支持過自己嗎？

「究竟爲什麼要這麼做？」

弄不清那是否眞的是自己的期待，卻不斷競爭、不斷比較，痛恨競爭者、牽制自己的朋友，使我們過得疲憊又孤獨。若在競爭與比較中稍居下風，就會自責、後悔的逼問自己：

「爲什麼只能做到這樣？」

「爲什麼我做不到？」

若因此精疲力盡、自責萬分，心中甚至會產生「我爲什麼得過這種生活？」、「我究竟該靠什麼撐過一天？」等疑問，顯現出自己無可救藥的疲憊不堪。

不知從何時開始，有氣無力的生活日復一日，認爲自己能做好的信心也逐漸模糊，對自己的愛與信賴，也漸漸變成否定。

就連自己究竟想要什麼、能改變什麼都不知道，怨恨這樣的自己，僅存的自尊也開始見底。於是我們會問：

「我究竟朝著什麼前進？」

「我究竟爲誰而活？」

接著我們會突然醒悟：

「啊！原來就連我自己都不支持我自己……。」

是的，或許我們從來不曾眞正支持自己，也說不定，所以生活才總是被時時刻刻湧現的衆多疑問與嘆息壓制。

爲此，我想將尼采這句話，傳達給所有處在這種情況下的人：

「上帝已死！」

然後我要問：

「但這消息爲何至今尚未傳開？」

上帝已死

「上帝已死！」這句話是尼采留下的話語中，最知名的一句，也是查拉圖斯特拉想告訴我們最重要的訊息。你或許會問，這句話對被家庭與職場纏身，艱困地活著的我們究竟有何用處？在這種情況下去談論上帝，本身就是件詭異之事。

爲此，在這裡我們需要先了解尼采口中的「上帝」所謂何意：尼采將既有傳統價值觀逐漸崩潰的現實中，那個人們曾經深信不疑的「信念」比喻爲「上帝」。所以這句話的意思，是指「過去的價值觀與信念已經崩潰」。接著尼采又問：

「那爲何消息至今尚未傳開？」

他是在問，爲何人們至今仍沒有認知到這個事實，仍執著於過去的價值觀與信念，過著艱苦的生活。

地理大發現、科學革命使得宗教不再是唯一

歐洲本是上帝的國度，數千年以來在神的律法之下運作，斷定世間各種事物的好壞。聖經卽法典，教宗爲上帝的代言人，是擁有上帝權力的絕對權力者。他所說的話卽上帝之言，欲稱王者都必須經過他同意才能登上王位。在他的主導之下，無數的歐洲人上戰場、失去性命，時而成爲魔女狩獵下的犧牲品。

而一再經歷失敗的十字軍東征，以及被更廣大的世界所吸引的文藝復興之觀點，令教宗的權威開始動搖了。人們認識到地球是圓的，上帝所珍愛的這片土地並非宇宙的中心。證明上帝存在的神學家，在伽利略（Galileo Galilei，一五六四～一六四二年）與牛頓（Isaac Newton，一六四三～一七二七年）的科學理論之下，被驅逐出眞理之地。人們再也不認爲女人是由男人的肋骨變成，有時甚至會因爲自己跟猴子一樣，都是從肚子裡生出來這件事而感到不好意思。

上帝之國成爲國王的國家、國民的國家，人們不再遵從聖書，而是創造法律。你我的對錯不再由教宗的權威斷定，而是由執法者判斷。如此一來，上帝的

權威、上帝所享有的榮耀消失得無影無蹤。

當然，現在也有許多人一到主日便到教會報到，依然背誦著聖經的句子。害怕時會求助上帝、希望在上帝的恩寵之下離開這個世界。不過，再也不會有人以上帝之言懲罰他人，也不再將教宗的話奉爲圭臬。聖經不再擁有凌駕法律的力量，也幾乎沒有人相信聖經能超越現實科學，改變整個世界。那已經是遭廢棄的眞理、已經是顯露假象的眞理，成爲曾經左右人類所有判斷的巨大謊言。

所謂的「上帝」是過往世界所訂的價值與標準

東方的情況也相去不遠。以韓國的情況來看，支撐社會上千年的儒教及其所擁有的名分、標準，甚至是朝鮮時代人民視爲理所當然的法度，如今都不再有效、不再有用。不會再有人將三綱五常視爲人生的金科玉律，也不再有人會因爲不像書生而招致批評。幾項歲時風俗也變得像一年一度的例行公事，不再有人將其視爲眞理，如今就連長孫都不需要再侍奉祖父母。過去視爲天命來背誦的孔子之言，早已成爲偶爾想假裝自己飽讀詩書，才派上用場的個人文學涵養。

過去祖先與上帝、儒教與基督教都是我們的道德標準，是我們存在的意義，是我們爲何而活的指標。也因此過去我們只爲此而活，更理所當然地爲此犧牲自我。**而具備這種正當性、具備這種生命意義的事物，正是尼采所說的「上帝」。那些對人們來說重視程度更勝個人安危與幸福的價值和標準，就是「上帝」**。所以比起尋求生命的喜悅、尋找生活穩定的幸福，過去的我們，更熱衷於從賦予存在意義的「上帝之名」中尋找幸福。

那時他們說：「我的幸福有何用！那些不過是貧窮與恐懼罷了，不過是微不足道的安樂罷了。我的幸福反而應該是能正當化我自身存在的那些事物。」

——《查拉圖斯特拉如是說》

而這就是上帝已死！

不再流行的眞理

事實上，尼采並非完全否定上帝、否定基督教。他說：「那的確曾經是『唯一』的眞理。」他冷靜且睿智地，以十分現實的角度看待這個世界。他並不是指謫所有宗教都是虛構之物，也並不認爲宗教都是虛假的，應該無條件否決、使其全面消失。他反而認爲隨著時代的改變，人們仍會需要宗教的存在：

所謂的真理，可以說是特定種類的生命體，也就是人類為了存活所不可或缺的謬誤。因此我們可以說那些最終能對生命帶來幫助的價值，將會決定特定觀念的真偽。

——《權力意志》

失去「競爭力」的上帝

其中的關鍵，在於上帝變得再也沒有競爭力了。**上帝是支配理論中的一種，上帝已死代表著名為上帝的支配理論，再也不具影響力的時代來臨。**

事實上，在歐洲，「上帝」不僅僅意味著基督教的上帝，更是代表象徵單一神的單一真理、不變的唯一真理，即柏拉圖的理型論*，也是自柏拉圖以來一路堅定傳承的「形而上學」。如理型論一般不變的唯一真理與價值、不容許任何變化、無法容忍其他價值或可能性的世界，已然崩潰。

相信過去正確的事物到了今日仍然正確，在遙遠的未來也會永遠正確，相信過去之惡在今天與未來仍會邪惡的堅定信念，已然崩潰。

這是宣告過去人類社會所施加的所有義務、道德與價值都崩潰的重大宣言。

＊理型論（idea）：隨著容易改變的情況而跟著變化的現實世界。柏拉圖相信這樣的現實世界之外，肯定有一個不會改變的永恆世界，而那正是理型。他主張這是所有事物的原因與本質，尋找這不變真理的過程，就是歐洲形而上學的發展歷史。

尚未傳開的消息

如今上帝已死，也代表一切都已崩潰。這也意味著對於上帝的虛構、對於完美的虛構，以及這一切所衍生出的所有法律與標準，全數崩潰。這可謂是人類戰勝上帝、眞實戰勝虛構，是傳遞給人類的全新福音；至少理論上是如此。但那並非是勝利的祝酒，而是詛咒、是災難。

因爲認知到這一可怕事實的人，僅有尼采這一狂人而已。以下要介紹的文章，是《歡悅的智慧》第一百二十五篇的全文內容。因爲文有點長，所以會分段講述。本文是說明查拉圖斯特拉如何登場的重要段落，完美地說明讓超人登場的決定性契機；更重要的是，這段文章十分生動。

歡悅的智慧

狂人：你是否聽過光天化日之下提著燈火穿梭在市場，嘴裡不斷大喊「我要找上帝！我要找上帝！」的狂人故事？

正好那裡聚集許多不信上帝的人，狂人變成了眾人的笑柄。你說上帝消失了嗎？一個人問：「他像小孩一樣迷路了嗎？」另一個人答：「還是躲到哪裡去了呢？該不會上帝懼怕我們吧？上帝是不是搭船離開了？還是一聲不響地走了？」人們大聲地嘲笑。

於是狂人衝入人群之中，彷彿要將眾人刺穿一般地盯著他們說：「上帝究竟去了哪？我將會告訴你們！就是我們殺死了上帝！——是你們與我一起！我們都是殺害上帝的人！

市場十分吵雜，當狂人出現說要尋找上帝時，人們只是嘲笑他。市場裡瀰漫著一股既不崇尚上帝，也不相信上帝存在的氛圍。上帝、對上帝的信仰，皆不存在他們心中。就是這樣的上帝已死。不，正是因為沒有任何人相信上帝，故上帝就這麼死去。

那麼我們是如何幹出那種事？我們如何能將廣大的海洋飲盡使其乾涸？又是誰賜予我們能將地平線抹去的擦子？當地球自太陽分離而出時，我們該怎麼做才好？現在的地球正往何處去？我們不是正全都在遠離太陽嗎？那麼後面、旁邊、前面，所有的方向是否還會有秩序？那一切不就是穿梭、徘徊在無盡的虛無中嗎？反而是虛空正在向我們嘆息不是嗎？若世界變得更冷，該如何是好？那麼我們將只能活在永夜之中不是嗎？不就是光天化日之下還必須提著燈火照亮四周嗎？沒有人聽見埋葬上帝的墓園管理人所發出的騷亂聲嗎？我們仍未嗅到一絲滅絕的氣息嗎？

上帝也滅絕了！如今上帝已死！是我們將其殺死的！我們身為殺人犯中的殺

人犯，要如何能夠安慰自己？至今為止世上最強大、最神聖的事物，在我們的刀刃之下流血、死去。有誰能洗去這斑斑血跡？有能將我們洗淨的水嗎？我們該如何贖罪？該如何找到神聖的事物？是否自始至終，那都是我們難以承受的偉大？

上帝已死去，且是突然死去。但問題來了，過去以上帝爲中心運轉的世界突然崩潰，陷入混亂。離開了太陽的地球將何去何從？我想問，在上帝消失的世界裡，人們該朝什麼前進？我不能不問，當賜予我們道德規範、免除我們罪孽的上帝消失，該由誰來告訴我們對錯？又該由誰來寬容我們的罪？

而我的疑問是，如今在這個曾經只需要爲上帝而活的世界裡，該由誰賦予人類意義？我們陷入混亂，必須尋找再一次爲我們賦予意義、爲我們指示方向的事物。若無法找出能爲我們帶來法規與標準的事物，我們將陷入恐慌。

那正是虛無主義（Nihilism）的到來。

在一個沒有任何事物能賦予意義、能成爲準則的世界，人們只是重複著誕生

過去以上帝為中心運轉的世界
突然崩潰，陷入混亂。

離開了太陽的地球將何去何從？
我想問，在上帝消失的世界裡，
人們該朝什麼前進？

與死亡，即便現在立即死去也無任何差別，是極端的虛無主義！這樣的主義正降臨到這個世界。或許人們正因此後悔也說不定，因爲做出了一件不得了的事情。在這混沌的世界裡，「狂人」至少還能暫時想像出一絲可能性。

即便是為了突顯該行為的價值也好，我們難道不該自行成為上帝嗎？

上面這句話的意思是說，人們應該成爲自己的上帝、爲個人行爲訂立標準、賦予個人生命的意義與價值。是的，唯有這點是我們能做的事，這就是超人。超人，是成爲自我生命的主宰之人，是建立自我價值與法則的立法者。曾獲《時代》雜誌報導爲當代尼采權威的霍林德爾（Reginald J. Hollingdale，一九三〇～二〇〇一年），也清楚地定義超人就是「成爲自我主宰的人」。

在一切價值消失的世界上，主動成為上帝、賦予自身意義、創造屬於個人的全新道德標準，就是超人所做之事。

此外，我們也能從這裡看見，不被輕易動搖的自尊。

超人，即是高自尊的表現

超人會爲自己判斷對錯、會賦予自我的價値與意義；他們絕對不畏懼他人的視線與評價、不與他人比較。因爲他人的比較與價値並不屬於自己，所以不會對自己帶來任何影響。從這樣不理睬他人視線的超人身上，我們能看見建立自尊且不受動搖的可能性。這裡所說的自尊，就是除了自己之外，不受任何人影響的不屈不撓。

尼采認爲這是十分偉大的行爲，對後世子孫來說也將是無比光榮的事。那是僅次於上帝的認同，也代表我們與後世子孫，能夠成爲僅次於上帝的立法者、能夠成爲高貴之人：

從來不曾有過比這更偉大的行為。如今在我們之後誕生的所有人，都將因為此番舉動而享有比過去任何時刻，都更加高貴的歷史。

是的，那將會是比過去的歷史都更加高貴的歷史事件。不過他來得太早了，這也是整件事最有趣之處：

片刻，狂人靜靜環視聆聽他說話的眾人，而眾人也以驚訝的眼神靜靜看著他。終於，狂人將手上的燈丟擲在地，那盞燈碎成一地，火也立即熄滅。「我來得太早。」他說：「我的時候尚未來到。這偉大的事件仍在進行中，仍在徬徨。這個消息尚未傳到人們的耳裡，如同星光傳遞到我們的眼中需要時間。在我們能聽見、看見這些行為完成之前，仍需要時間。對人們來說，此一行為遠過最遠處的星星。他們曾經對自己做出這樣的行為！」

根據傳聞，那天狂人四處造訪教會，演唱對上帝的鎮魂曲。當他被拖到戶外接受審問時，他僅僅重複如下的話語：「若這些教會不是上帝的墳墓與墓碑，那麼究竟會是什麼？」

上帝雖死，但上帝已死的消息仍未傳至人們的耳中。

這是重要的核心，人們尚未察覺巨大的虛無正逐漸靠近。雖然極致的虛無、人們對此所產生的混亂與掙扎，已隨處可見，但人們卻未能察覺此事，仍高興地過著生活。這正是尼采與查拉圖斯特拉所面臨的現實，也是先覺者的現實。

成爲自己的立法者

「上帝」與「形而上學」已死，它們曾是世界的法則與道德，是一切的標準，並賦予生命意義。當上帝與形而上學消失，世界將只剩下混亂與虛無。

如今事實已經顯露，對上帝的信仰，不過是「軟弱」者創造的一種虛無。那麼若沒了仰賴此一信仰所賦予的安慰與保護，生命能否延續？

——《不合時宜的考察》

爲此，在法則消失後的世界，必須有人重新立法，必須有人重新創建道德、制定準則、賦予意義。

那麼「法」究竟由誰而立？由誰賦予意義？

過去是上帝，是形而上學完成這一切，我們只需要相信並遵從，但如今上帝與形而上學已死，卻沒有人來建立新的法規。啊！無人能爲我們賦予意義！

到頭來，我們必須爲自己立法。

> 所有事物的價值，都由他們重新確立！
>
> ——《查拉圖斯特拉如是說》

我爲我自己定義標準

到頭來，必須由我自己賦予意義。所以超人就是立法者，也是價值的賦予者。因爲他所要做的事情，就是建立新的標準、創造新的價值與法規。如果要用一個詞彙形容超人，那就是「立法者」。

當今世上擁有價值的事物，並非其本身即具備價值。自然自始至終毫無價值，是人類不知從何時起為其賦予價值罷了。賦予、餽贈價值者便是我們自己！我們本身創造了有人、有關係的世界！

——《歡悅的智慧》

沒錯。當我們身處在活著的理由消失的世界、站在不知該何去何從，無人能回答自身存在意義的世界中心、受困在難以掙脫的虛無主義中感到絕望時，尼采爲我們帶來名爲「超人」的禮物。

正是「超人」告訴我們在無意義的世界裡，該如何賦予生命意義、該朝什麼目標前進，甚至讓我們理解到其依據為何。

超人是尼采思想的核心，也是《查拉圖斯特拉如是說》中，查拉圖斯特拉想告訴我們最現實、最理想的個人形態。

活出自我的人，即是超人

曾經有一段時間，我們以更多成長、更多產出爲目標，不斷前進。曾經有一個時代以建立更美好的社會、更強大的國家、更強壯的企業爲號召，將「個人犧牲」視爲理所當然。

曾經爲了創造出色的團隊、成爲組織中出色的一員，社會不斷鼓勵人們自我啟發。爲了賺更多錢、爲了獲得更大的成功，如今人們仍熱衷於開發自我潛能。

不過，不知從何時起，許多人開始回顧自己的生命、試圖安慰自己、尋找自我存在的意義。近來有許多主打「完全做自己」、「活出自我」、「我喜歡自己原本的樣子」、「無論到哪都要堅持自我想法」等強調「做自己」的書，便是最好的例證。

當然，大環境的不景氣、失業、激烈的競爭，造成人們渴望安慰與對內在的省察，也是造就出上述這樣社會氣氛的原因之一。

但我們的確能夠發現，與從前相比，現在更能自然地聽到這些訊息，也有越來越多人能夠欣然接受這樣的想法。或許每一個人都開始理解到這件事的重要性，也說不定。

究竟「我們自己」、「自我」有多麼重要呢？

最快從不自然、從自己的精神中恢復的方法，就存在於自己的天性。

——《偶像的黃昏》

成爲自己喜歡的模樣

珍視原本的自我，讓屬於自己的人生活出自我等說法，我們可以替換成「立法者」。所謂的立法者，就是自己爲自己建立法規，並遵從其價值與意義而活的人。**因為活出自我就是懷抱屬於自己的價值與意義，過著遵從並恪守價值與意義的生活**。

換言之，就是要我們不把他人的價值與標準看得太重，毋須在意他人的目光，只重視自己感受到的意義與喜悅，就可以了。

由我們來成為那樣的人。成為新的人、成為獨一無二的存在、無可比較的人、成為為自己立法的立法者、成為創造自我的創造者！

——《歡悅的智慧》

因此，超人的另一個名字，不，應該說立法者的另一個名字，就是「活出自我的人」、「成爲自我的人」，因爲那就是「自己成爲自己的主人」的意思。

你的良心說了什麼？——「成為你自己吧！」

——《歡悅的智慧》

那麼或許近來的情況，就是讓我們看見有許多人正夢想成爲超人也說不定！

或許，你我都開始夢想成爲超人了，也說不定。

雖然尼采說要過兩百年，才會有人了解他眞正的價値，但或許他的時代早已在我們心中逐漸展開了也未可知。

對於超人的誤會

若說，活出自我就是「超人」的意義，那麼或許會有人問：「尼采的核心思想是『超人』，那個名字彷彿凌駕我們、超越俗世，眞正的意義難道就只是『成爲自我』嗎？」

對於「超人」有這樣的疑問，十分常見。有些人據理力爭求解答，有些人則是有了疑問也不以爲意。或許還會有人反問，我們什麼時候不是自己了？查拉圖斯特拉拼命想帶給我們的教誨，難道眞的只是「超人」二字這樣單純嗎？

當然，這樣的誤會可能源自於「超人」這個譯名。

超人代表眞正擁有超越人類力量的超能之人，同時也令人聯想到超越生命、遠離俗世的隱士。我們學生時期學過、背誦過的李陸史（譯按：韓國抗日詩人）

詩作中也曾有超人登場，那代表具有強大能力，足以改變當時不可抗力的殖民現實之人。

換言之，超人總會令我們聯想到超越想像的事物，而為了減少這樣的誤會，使用德文原文「Übermensch」來取代超人一詞也成了近來的趨勢。

不過即便是德文讀者，也無法不被字面上的意思所影響。「Übermensch」一詞擁有「超越人類」的意思，所以大多數的德國讀者也跟我們一樣，會被字面意思所誤導。否則尼采怎麼會不平地表示，人們都用他所批評的英雄主義誤會了超人的意思：

> 但幾乎每個地方，都用完全與查拉圖斯特拉展現之樣貌相反的方式，理解那句話的價值。例如人們說超人是半「聖人」、半「天才」，是更優秀的人種。……甚至是我尖銳批評、抗拒的「英雄崇拜」，都要從「查拉圖斯特拉」身上重新發現。
>
> ——《瞧，這個人》

個人就是個人的生命中心

尼采有多達數十本的龐大著作，是能動搖整部哲學史的龐大敍事。所以，僅以提出要一個人活出自我的微觀觀點，無法完整說明他龐大的哲學爭論。話雖如此，尼采的每一本書，卻都可以視為是在對我們呼喊「成為自己」。

尼采的目光完全聚焦在每一個人身上，並且以「個人就是個人的生命中心」這點為其核心思想。因此，每個人必須活出自己的人生這一點，的確就是尼采最重要的教誨。

在尼采看來，唯有這點是他所捕捉到的、時代所面臨的問題核心，也是有望克服眼前危機的提議，更是對不斷改變的未來所提出的必然邀請。問題是這並不容易。當時要這麼做可說是超越想像的辛苦，即便是已經從上帝手中獲得自由的現代，要做到這點仍不是件容易的事。

因此，我們必須自問：

「你是否眞是你自己？你是否以自己的面貌而活？」

「此刻你正在做的事情，是否眞的是你迫切渴望的事？是否是你眞正理想的選擇？」

「現在你所夢想的一切，是否眞的是依循你的需求？你是否毫無顧忌地享有自由？」

「你的生命是否眞的值得且令你滿足？你是否因存在於世上這件事，而感覺受到祝福？」

成為超人、成為自己，就能在面對上述這些提問時毫不猶豫地回答「是」；就是能肯定這一切，是能對自己的存在感到驕傲、擁抱自尊。

若你能欣然的對這所有問題回答「是」，那你已是超人。

第三章

擺脫虛假的自尊心

意圖追隨偉大之人的追隨者，
爲了演唱出更美好的讚歌，
有時會自我蒙蔽雙眼。

——《人性的，太人性的》

我們眞的重獲自由了嗎？

過去上帝與儒教賦予我們價值，成爲判斷對錯的標準和價值準則。如今這樣的上帝已死，無人會再強迫我們接受任何價值，也沒有人能再任意評斷我們。

離開上帝的我們必須自由，我們能做到任何事、可以做任何事。有什麼能強迫我們接受他的標準、能夠評斷我們？沒有，我們必須成爲自己的法則與標準。

但，我們眞的自由嗎？

若拋開儒教的殘渣與被扭曲的盲目信仰，我們是否眞能自由地活著？我們能夠抬頭挺胸地爲自己建立法規與標準，不受任何事物拘束嗎？在現實當中，眞的能夠享有這樣的「自由」嗎？學生仍必須像個學生，書讀不好的學生便不會被當學生看待；男人仍必須像個男人，展現軟弱一面的男人就會被當成懦夫；女人仍必須像個女人，若獨立且自信會被認爲不夠女人味；父母仍必須犧牲奉獻，而犧牲的代價是必須過著無所求的老年生活。

殘存的上帝之影

我們身處前所未有的不公平時代，那些鞠躬盡瘁養大孩子、奉養父母的世代，已經不能再要求子女侍奉自己。

當然，年輕人都想相信自己很有個性、過著不愧對自己的生活，但那或許只是一種期許。畢竟我們仍被豢養在曾被上帝掌控的世界！而尼采清楚地點出了這一點：

這些年輕人人格完備、充滿才華且勤勉，但他們不被允許擁有為自己賦予方向的時間，反而從小就被教導要被動地接受特定的方向。若他們成長為「被送到沙漠也可以」的樣貌，那麼他們將會有所不同。也就是說他們遭到利用，他們的自我被剝奪。他們每天被利用、受教育至精疲力盡，並認為這就是他們的義務。

如今他們已經無法不被利用到精疲力盡，也已經不再企盼這之外的任何事。但至少，不讓這些成天拖著車前進的可憐動物「休假」是不被允許的。在這個必須過度勞動的世界，人們對悠閒生活的期待被稱為「休假」，唯有在這個時候人們才能盡情懶散、像傻瓜一樣、像孩子一樣打滾。

——《朝霞》

換言之，與其說這一切是我們選的，更應該說是在不知不覺間被強迫接受的。**那些「義務」太過理所當然，我們從來不曾拒絕；而尼采將這些尚未消失的觀念，稱為仍留在世上的「上帝之影」**。他早已明白，雖然上帝已死，但我們將會有好長一段時間無法擺脫上帝的枷鎖，只能被過往的觀念拖著前行。

重生的上帝

我們已經度過近代，活在現代，但仍有許多國家或地方，與近代甚至是再更之前的時代綑綁在一起。

時至今日，我們仍在適應與「和睦之名下」背負的許多義務與習慣，這些義務與習慣足以稱爲現代的上帝。

尼采將能取代上帝的新偶像稱爲「國家」。教皇的力量衰退後便由君王取而代之；而在近代化的公民社會，聳立的已不再是名爲君王的個人，而是代表公民利益的國家。**不是被強加的上帝，也不是人們編造出的上帝，而是公民自主創造、接受的「國家」，擁有理性且合理的外貌，同時也擁有更龐大、更無法抗拒的巨大影響力。**

國家要求我們像在教會進行偶像崇拜一樣崇拜國家。

——《不合時宜的考察》

國家以愛國的美名要求人民服從、要求人民在戰爭中，毫不吝惜地獻上自己的生命。因愛國心而沸騰的芸芸眾生，前仆後繼的賭上自己的生命讚揚國家，愛國心甚至大膽誘導那些果斷拒絕上帝、擁有出眾靈魂的人。

國家甚至在擁有偉大靈魂之人的耳邊，低語著陰險的謊言！啊，國家能辨別出擁有寬大胸懷，願意欣然奉獻的人！是的。國家能洞察征服陳腐上帝之人！這些人厭倦爭鬥，如今打算侍奉新的偶像！國家，這全新的偶像矗立在英雄與值得尊敬之人面前！國家，這冰冷的怪物渴望當之無愧的良心之光！若這些人崇拜國家，新的偶像將賜與他們一切。國家便是如此收買了他們耀眼的德望與驕傲的眼神。

——《查拉圖斯特拉如是說》

尼采說國家是最殘酷的上帝之影，將國家描述爲貪婪地想將我們吞噬的貪婪怪物。此外，歷史悠久的「民族」，也是我們必須警戒的陰影。尤其太過執著於自身的民族，會使人走上淘汰之路。

若任一民族擁有許多堅定穩固的事物，事實上是該民族正逐漸變為化石，那或許是該民族逐漸成為不過是紀念碑般存在的證據。

——《人性的，太人性的》

納粹的暴行，正是令人盲目信仰封閉的民族主義與國家。將國家與民族視爲神聖之物！他們肆無忌憚的稱自己爲「善」，稱他人爲「惡」。爲了懲奸除惡，欣然地掀起戰爭，毫無理由地殺害無辜之人的戰爭，對他們來說是一種榮耀。

人無論善惡一律遭到毒殺之處，人們皆失去自我之處，我將其稱為國家。

——《查拉圖斯特拉如是說》

意識形態的上帝之影

爲祖國著迷、爲民族著迷，甚至不了解自我想法的人，尼采批評他們是妄想的陰影，這樣的妄想也能用於當時蠢動的社會主義。尼采認爲社會主義者的本質，是對比多數族群更加富有、更優越的少數人所抱持的「怨恨情緒」與「復仇心」。他們被復仇之火吞噬，甚至願意欣然接納壓迫他們的獨裁者。

高倡平等之人啊！生自無力感的瘋狂暴君，正在你們心裡高喊著平等。

——《查拉圖斯特拉如是說》

人們認為自己沒有責任。只要是為了經濟的平等，社會主義者便欣然接受獨裁國家的統治者。事實上社會主義者希望毫無創意的大眾，能被「帝王式的暴力」所支配。他們同樣是將國家視為偶像崇拜之人。

——《人性的，太人性的》

尼采批評他們以平等爲名，意圖將更強大、更努力的人拉到同樣的水準。比起自己的需求、自己的準則，他們選擇讓一切符合國家與社會的標準。

國家、民族、社會主義，這一切最終會使我們將個人真正的樣貌拋諸腦後，是強迫人們統一目標、意見一致的意識形態。他們無視我們天生的需求與展翅高飛的權力意志，僅僅只是爲了他們所創造的幻象，而要求我們向前奔馳。他們雖沒有上帝的面孔，但卻是理所當然地拖著我們的上帝之影。所以尼采不信這一切，他說：「唯有上帝之影將消失之處，眞正的我、眞正的自由超人才會出現。」

> **我的兄弟們！看向國家滅亡之處。是否能在他們眼中看見名為超人的彩虹與橋樑？**
>
> ——《查拉圖斯特拉如是說》

名爲科學的上帝

聽到上帝之影仍籠罩著世界這句話，或許會有人舉起手來大聲地說：「我並不是這樣。」

他會說：「我不相信宗教，只相信眼睛所見的事物，我才是眞正相信理論、相信科學，沒有比我更加冷靜睿智的人。」然而，這樣的盲目正是尼采所擔心的，因爲這正是上帝死去之後，上帝的影子仍揮之不去的原因。

雖然上帝已死，但形而上學仍留有夢想永遠、夢想完美的殘渣，甚至這些殘渣持續支配著我們。因為以科學或實證觀點打倒上帝的冷靜理性，反而會滋養出更加盲目的信仰。

所以尼采說，若人們開始追究過去不需要證明只需要自明的「公理」，那麼就不再是自明。他也嚴厲警告樹立力學、數學、數值等，開始將其當成世界的絕對眞理一般傳播的科學，都不該輕舉妄動：

主張世界只能以科學方法持續探索、研究，主張除了數字、計算、重量、親眼見證、親手觸摸之外，不能容忍其他方法詮釋這個世界，才是真正愚蠢又單純的行為。這樣的人不是精神病或傻子會是什麼？

——《歡悅的智慧》

尼采提出質疑，以科學樹立的客觀是否眞的客觀？或許，設計實驗並詮釋其結果本身就是一種主觀？

一位研究者挑選一個對象進行實驗、驗證，並加入主觀的觀點進行取捨，這使得科學所主張的客觀從根本就令人懷疑；打著準確分析的名號被一一剖析的實驗對象，反而使得科學的可信度更加低落。

查拉圖斯特拉的弟子之一「精神的良心者」就是這樣的一種典型。他不相信

若以能否用多少數字、計算、
公式還原來評價音樂的價值，
那麼對音樂的「科學」評價
將會變得多麼荒謬！

——《歡悅的智慧》

任何一種未經科學證實的事，所以他去研究水蛭的大腦。因爲若研究水蛭整體，無法明確說明的事情就會變多，而這就是他們口中「嚴謹科學」的現狀。

不能盲目相信知識

然而尼采說，無論科學的嚴謹經過充分的認證、無論科學看起來如何堅不可摧，最終都不過是無法提供生命眞正意義與方向的空殼罷了。

因此，他們認為的「科學的」解釋世界，其實是最愚蠢的解釋世界。換句話說，在蘊含一切可能性的所有世界解釋中，這是意義最為貧乏的一種世界解釋。

——《歡悅的智慧》

力學的世界本質是無意義的世界！若以能否用多少數字、計算、公式還原來評價音樂的價值，那麼對音樂的「科學」評價將會變得多麼荒謬！這樣人們究竟能掌握什麼、理解什麼、認識什麼！在這樣的情況下，音樂將會變得毫無價值、變得什麼也不是！

——《歡悅的智慧》

所以，雖然科學是非常重要、必須遵循的知識，但也是絕對不能盲目相信的知識。不僅是科學，尼采也曾嚴厲警告歷史學者。當時的歷史學者打著科學之名，以嚴謹的事實證據立論建立客觀的歷史紀錄，尼采便是在譏諷他們這樣的虛張聲勢。尼采認爲他們配合自己的喜好整理，因而挑選出的概念與歷史事實，離客觀十分遙遠。

所謂客觀的歷史紀錄，是多麼輕易地成為偏頗的歷史紀錄！那不過是二等之人讓自己看似一等的技巧罷了。

——《尼采遺稿》

這些人主張排擠所有宗教、排擠形而上學，但到頭來他們不過是另外一種上帝、另外一種形而上學。

得過且過的末人

現代已經進入個人主義的時代。

人們紛紛覺醒，渴望擺脫過去的習慣、迂腐的義務進而獲得自由；他們不願遵從既有價值，想依循個人價值、享受個人喜好。他們說：「要依照我的意思、要隨心所欲地生活。」與其因毫無意義的競爭隨波逐流，更想追求自我的幸福。

他們稱自己爲文明人，每到夜晚便享受一杯紅酒帶來的安逸悠閒、享受一本有品味的書、對社會問題進行尖銳的批判；身邊有幾個能一起笑著談天的人便是他們的幸福，這是他們的生活型態。

觀察他們的生命，似乎還眞有那麼回事。如果是不拘泥於宗教與意識形態的人、知性且有教養的人，應該都能對此產生共鳴，並渴望積極響應這樣的生活，不是嗎？最近推出的許多電視節目與書籍，也都展現了這樣的生活型態，同時獲得廣大迴響。

不過尼采抨擊這些人是「末人」。因爲即使所有的上帝與形而上學都崩潰，這些人仍韌性十足地存活下來，堵住了超人前來的路。

看！我將告訴你們何謂末人。「何謂愛？何謂創造？何謂憧憬？何謂星辰？」末人問，並眨了眨眼。末人使大地變得渺小，使一切變得微不足道，而他們正穿梭在那之上。這種族宛如跳蚤一般，無法根絕，因此他們將頑強地長久存活。

——《查拉圖斯特拉如是說》

他們是多麼的關心幸福論？他們不是擺脫了上帝、擺脫了形而上學獲得自由，過著屬於自己的人生嗎？

那麼，爲何尼采會如此輕視末人呢？

退縮的權力意志

這些人看似不因資本主義或物質主義隨波逐流，也只享受屬於自己的樂趣，貌似是活出自我的超人。實際上不然，末人與超人之間有一個很重要的差異，那就是前者使「地球變得渺小」。

這裡的地球，指得是生物的生命力，也就是尼采思想的核心「權力意志」；這是確認並渴望擴張個人力量的天生欲望，而末人身上沒有這樣的欲望。也就是說，他們必須尋找權力意志，但卻找不到，只是當下這一刻感到舒適安逸罷了。對他們來說，一切都難受且恐懼，他們十分軟弱，稍微吃點苦就會想要逃避，他們只想同情他人，或是獲得他人的同情：

「我們發明了幸福。」末人說，並眨了眨眼。若身處生活艱困之處，他們將毫不猶豫地離開，因為他們需要溫情。他們仍愛著自己的鄰居，不斷糾纏鄰居，因為他們需要溫暖。

末人害怕痛苦與戰爭，他們以健康至上，認為不做任何抗爭，只是過著馬馬虎虎的人生，就是最明智的選擇。他們希望工作是娛樂，同時討厭費力的事。他們高喊著平等，其實卻害怕輸贏：

——《查拉圖斯特拉如是說》

即便他們隨時都在爭吵，卻也很快和解，因為不這麼做他們會消化不良。白天有白天的方法，夜晚有夜晚的方式，他們享受小小的快樂。同時他們也認為健康十分重要。「我們發明了幸福。」末人說，並眨了眨眼。

——《查拉圖斯特拉如是說》

他們工作，因為工作是娛樂。同時他們也很小心，不讓自己因娛樂而疲勞。他們之中沒有人能更富有，也不會有人更貧窮。無論富有或是貧窮，對他們來說都是沉重的負擔。但又有誰願意支配他人、受他人支配？對他們來說，支配他人、受他人支配都是過於沉重的負擔。沒有牧者，只有羊群！

——《查拉圖斯特拉如是說》

末人總是喜歡當下的快樂，將舒適、安樂、得過且過的安逸生活擺在第一。

這是他們所知最佳的幸福，也是最適合他們的生活方式。

被「假我」蒙蔽的末人

尼采說，超人的相反就是末人，但是末人抗議：至少我們並未陷入上帝或形而上學，而是光明磊落地用我的價值活著我的人生。

話雖如此，不過他們仍停留在欺瞞自我的悠長陰影中：他們害怕恐懼，甚至不願獨處。他們不過是盲目的快樂主義者、功利主義者。只要能享受更多快樂便無條件同意，只希望能盡可能讓更多人獲得最大的滿足。對他們來說，克服自我、戰勝逆境等價值，並不具有太大的意義。

末人批判、嘲笑資本主義與金錢。不，他們只是刻意想這麼說而已。事實上，他們從來不曾想過拋棄資本主義，也不曾擺脫對金錢的依賴，因爲以安逸爲第一優先的他們，非常需要金錢享受安逸。雖然嘴上說金錢非常可笑，卻總是用錢來評價一切，他們不過是假裝不在乎的物質主義者。就算說他們是爲了安逸、爲了賺更多錢，而甘願成爲資本主義的附屬品也不爲過：

啊！原來他並非仰賴人格，而是靠成為一顆螺絲讓自己擁有價值！

——《朝霞》

此外，他們嘴上說重視人性，但實際上卻希望自己成爲更昂貴的零件，讓自己有能力購買更好的紅酒。爲此他們希望自己更專業，也因爲自己更加專業而自負。不過這些所謂的專家，不過是只懂得用手、只懂得用腳、只懂得動手指的人罷了。他們是不完全了解身體、不會使用身體的荒謬能力者。

那不過是擁有過多的單一事物，除此之外卻一無所有之人。我說的是那些擁有一雙大眼、一張大嘴、一顆大肚子，或其他什麼巨大的東西之人。我稱這些人為顛倒的殘疾人。

——《查拉圖斯特拉如是說》

他們因爲巨大的耳朵或奇特的長相而自負，並讚賞那些窮凶惡極的姿態。事實上，這些人無法完整認知並享受個人，也無法使生命更加豐饒反而使其更加貧窮，更無法如實享受地球的贈禮，即便特定部位過度巨大，仍使生命走向極端；他們就是所謂的末人。

雖然這些人仍不相信上帝、以其知識能力為傲，但卻比任何人都渴望成為尋求牧者的羊群。這些人才是容易恐懼、膽小的懦夫。他們甚至不知道自己擁有的權力欲望、權力意志，只是一群害怕恐懼，不斷尋找毫無價值的知識以獲得依靠的人類罷了。

結果，致使他們的目標都是成爲相同的人：閱讀相同的書、渴望相同的事物，一群人聚在一起取暖；他們使用相同的羊毛，從來不曾離開「我們」，因爲他們實在太過恐懼。嘴上賣弄著屬於自己的處世方式，其實每個人都以相同的方式生活。對這些人最大的批判，是「跟不上流行的人」、「愛出風頭的人」，但他們卻又無法活出自己的樣子。

這裡沒有牧者，只有羊群！人們都渴望相同的事物，活出相同的樣子。不同想法的人主動進入精神病院。「之前整個世界都是瘋狂的。」他們之中最聰明的人說完並眨了眨眼。

——《查拉圖斯特拉如是說》

雖不知道是誰創造的，但膽小鬼們將集體創造出來的法則與喜好，看成是自己的信念，堅信且執著。認爲「守護這個信念，就是守護自尊心」。殊不知他們拒絕財富的同時也追求財富、抗拒流行的同時也追隨流行、重視個性卻毫無個人意見，嘲笑群體卻總是隨波逐流。因爲他們害怕孤獨。

以他人的價值觀束縛自我

反觀遵循個人法則的獨立者，是立法者也是超人，但末人既沒有這樣的想法，更沒有這樣的膽量。

當然，末人之中也有不少成群結隊嘲笑膽小鬼，並藉此獲得優越感的人。他們拉開自己與這些人的距離，並且炫耀自己的力量。就算只是要買一個鑰匙圈他們也追求名牌；即便是中古車也一定要買進口的；即使租下月租房，也一定要住在叫得出名字的公寓；比起咖啡的味道更追求咖啡的品牌。他們享受他人的羨慕、享受自己的力量擴張，所以他們渴望擁有他人無法輕易獲得的品牌，但是，當他們沒有那些東西時就會洩氣，而在擁有的人面前，更會變的退縮怯懦。

他們並非自負，而只是對手中擁有的品牌感到驕傲。就好像相信戴上一副帥氣的面具，力量就會變強大的原始部族。然而，他們不過是將所有的自尊心賭在那副面具上，並將其稱爲自尊罷了。照他們的想法來看，無論是誰，只要擁有幾分錢，就能夠買下自尊心來擺架子。

我們沒有身分！我們是個人！但金錢是力量、是名聲、是尊嚴、是優越，其本身便是影響力。現在，人們開始擁有用金錢多寡評價事物的大小偏見。

——《朝霞》

由此可見，這些人也不是依靠自己，而是以他人的價值束縛自己的人。**在大量消費的時代，我們經常能發現這樣的人，他們才是率先跳入上帝之影中的人，也是末人之中最糟糕的一群**。

最後，讓我們再一次點出未能擁有個人法則的人、所有的末人的共通點。

他們總是觀望他人的標準、在意他人的臉色，所以會隨時成爲比較的對象。爲了配合他人的標準，他們總是不安且不滿足。最重要的是，他們越是偏離那項標準，就越會感到挫折與後悔。他們才是眞正反覆挫折與後悔的後悔達人。

幸好尼采也是善於克服後悔的達人，爲了克服我們將遭遇的許多挫折與後悔，他毫不吝嗇地留下許多建議。對末人這些後悔的達人、對渴望成爲超人的奮鬥者，這些話語，也都是字字血淚的箴言。

被後悔深深蒙蔽的日子

有時，我們會十分後悔昨天。

當過去的選擇，以意想不到的方式席捲而來；或是，曾經深信不疑的人際關係或處事方式，造就完全相反的結果時，會感覺自己跌入深不見底的後悔泥沼：

「我爲什麼會做出那樣的判斷？」

「爲什麼說出這種話？」

「我不該那麼做的……」

我們會開始埋怨、責怪自己。因自己的想法與判斷出錯而感到失望、自責，時而被湧現的無力感所吞噬。對一直以來自己看待世界的觀點產生懷疑，引領自

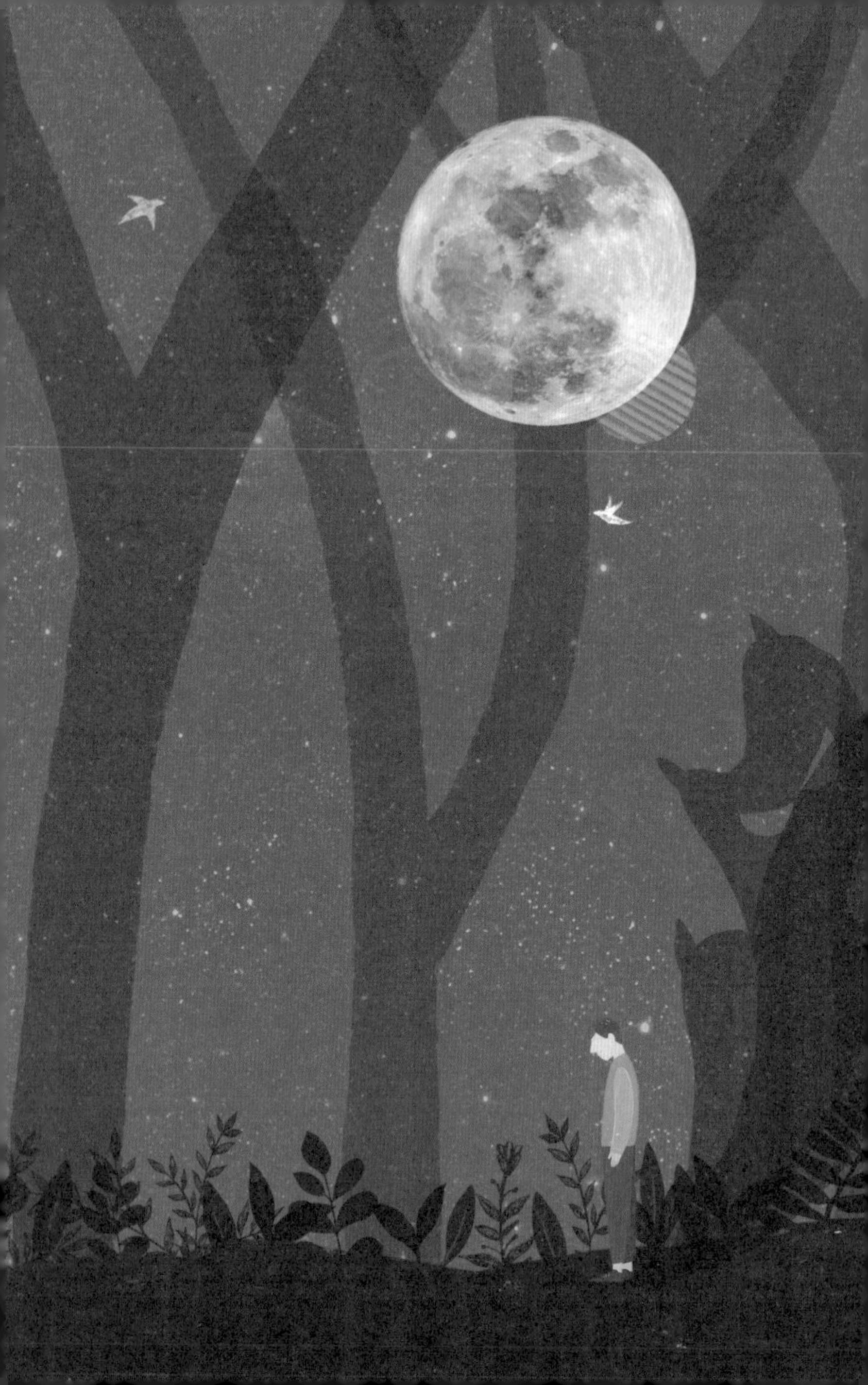

後悔是一種病。
那是必須改正的東西，而不是必須重複咀嚼的教訓。

「無法以一次經驗完結的東西，便已具有頹殘的特徵。
揭開過往的傷口，將自己驅趕至後悔與自我輕蔑之中，
不過是另一種疾病。
在那些地方，不會有任何靈魂的救贖。
有的充其量不過是源自相同疾病
卻以不同病理症狀呈現的樣貌罷了。」

——《尼采遺稿》

己的生命公式也開始出現裂痕。這樣的情形，在於過去心中的信念與確信有多強大，其不安反撲的力量就有多強勁：

你稱往日為真實，且相信並愛著的那些真實，如今對你來說都是錯誤。如今既然能夠否定那一切，你想必認為那是你理性的勝利。不過由於你曾是個獨特的人類，當然你一直都是個獨特的人，那錯誤是當時的你所需要的，如同現在你所認定的一切「真理」。

是的！那些錯誤是此刻你尚未被允許看見的事物，是隱身起來不讓你看見的一種表象。因此顛覆過去見解的並非你的理性，而是你的新生命。現在你不再需要過去的見解，現在那一切已徹底崩潰，在其中蠢動的矛盾正如蛆蟲般爬出。

——《歡悅的智慧》

沒錯。我們不就是經過反覆的錯誤，才逐漸成熟的嗎？

犯錯不可恥，可恥的是逃避

尼采說，**過去我們當成信念的事物，不過是那個階段自己所能擁有的最新觀點而已**。所以即使一直以來都看錯、都判斷錯誤，也不要太過自責。即使自己變得更加明智，不，即便是比自己更加賢明之人，都是經由不斷的失誤、犯錯而成長。即便是尼采口中的最優秀之人，也是這副模樣！

無論再如何優秀，仍會有令人作嘔之處。最優秀的人仍是必須持續克服的存在！

——《查拉圖斯特拉如是說》

或許我們就是透過不斷犯錯，才能加快地朝更精煉的人生邁進，不是嗎？

話雖如此，仍會因曾經抱持錯誤想法、曾經踏錯步伐的自己感到羞愧嗎？那麼就這樣面對自己的想法吧！

即使獲得新的理解，但若沒有那些必須克服的眾多羞愧，這樣的認知，或許會顯得不那麼有魅力。

——《善惡的彼岸》

讓後悔的情緒，變得有意義

我們偶爾會想遺忘某些事情，但當下的後悔卻總是突然出現在腦海中，讓自己什麼也抓不住；有時，也會有對無法實現之事、對錯誤選擇的遺憾揮之不去，被「想要重來一次」的後悔吞噬的日子；甚至會搥著胸口懊悔若能回到當時，絕不會做出那種選擇與行爲，被後悔與留戀無止境絆住的時候……。

無論是什麼時刻，這時，不如乾脆改變過去，如何？事實上，尼采已經悄悄地暗示我們該如何改變過去了。

我們會以結果為依據，編造所有原因，因為我們最清楚的只有結果。

——《權力意志》

我們所認爲的原因，其實是由現在的結果反推所造成的結果。換句話說，我們所認爲的過去、創造現在的原因，其實都是由現在的觀點重新詮釋的結果。也就是說，如果我們改變現在、改變過去，那麼解釋就會截然不同！

重新思考一下尼采在《歡悅的智慧》中提到「顚覆過去見解的並非你的理性，而是你的新生命」吧！跟《權力意志》中的「我們僅能掌握我們自己所創造的世界」是同樣的脈絡。

是的，**我們能藉由讓現在或未來的成功，使過去的選擇變得正確**。

絕對，不會有白走的冤枉路

事實上，過去已曾有許多人這麼做。

許多人因爲自己看重的考試或公司面試失敗，而意外投入新事業。也有不少人曾經沒日沒夜地工作，卻因爲意外的錯誤選擇而失業，反而在家庭與日常生活中找到更多快樂與幸福。

當他們考試落榜、失去工作時，他們的選擇看似錯得離譜，但讓今天成功且幸福的，正是那些看似選擇錯誤的結果。讓錯誤的選擇變成正確的選擇，他們就是這樣改變過去的。

越是後悔過去的選擇、越是感到留戀，我們就越應該改變現在。

將那巨大的後悔當作原動力，專注於現在與未來，並爲改變未來而一一實踐就好。如此，面對後悔，就不會一直深陷於自我打造的泥淖之中了。你可以後悔，但更可以讓後悔變得更加有意義。

尼采的思維實驗

人生在世，都會迎接令人絕望的時刻。因爲何要活著、這樣活下去有何意義而感到挫折。會想傾注對他人的怨恨，也會因爲太過絕望而失去意志，甚至可能產生被害妄想，覺得這些辛苦的事情總是找上自己。

這種情況長久持續或被憂鬱的情緒吞噬後，也許會使人想要自我傷害；即便沒有這麼極端，也會在某個瞬間開始思考自己該怎麼死，進而陷入極具破壞力的想像中。如果開始去想像死亡這件事，那麼不如試著想像死亡之後的事，如何？

想像自己現在立刻死去並再度重生，接著又以同樣的發展模式活到今天，遭遇到與今天同樣的情況。這時，又會因爲難以忍受的憤恨與絕望再次選擇死亡，接著再度重生。然而因爲沒有太大的改變，於是再度過著相同的人生，再一次陷入絕望，並再度選擇死亡。接著再次重生，再次懷抱苦澀的絕望而死去……，再次重生、再次因絕望而死去，再次重生，再次因絕望……。

啊！光想都覺得很可怕，對吧？每次都很絕望、每次都陷入孤獨之中、每次都果斷地自殺，覺得自己的生命總是在痛苦之中以悲劇告終。而這就是尼采說的「永恆輪迴」。

這是一個人經歷出生、活著、死亡，下輩子、下下輩子都會不斷輪迴的理論。如此永遠反覆就是「永恆輪迴」。當然，尼采想說的，並不是這個世界就是如此運轉，而是一種大家已經很熟悉的「思維實驗」。如果想好好過自己的人生、想戰勝絕望，那就試著想像尼采所說的永恆輪迴吧！

生命的永恆輪迴

我們總會面臨出人意料的時刻，如果每次都感到挫折、每次都憤慨、每次都自殺，那是多麼可怕的事？要永遠重複這件事，對自己來說多麼殘酷？

爲此，讓我們反過來想。

今天我與這份痛苦正面對決，做出更有用的選擇，用更機智的方法度過餘生，度過一個每一瞬間都非常喜悅的人生之後再死去，那麼即便我再次出生，雖然會遭遇跟今天一樣的危機，但我依然能用機智的方法解決問題，並且在享受喜悅之後死去。接著我再次出生，再次面對痛苦，做出可取的選擇，再次度過充滿幸福的人生後死去。啊！光想都覺得這是很值得的人生吧？

如此一來我們就會自然領悟，不會從頭的人生，竟要以自己並不那麼情願的選擇作結……。我們會很自然地問自己：「是想把不會從頭的生命，變成令人後悔的人生？還是要打造成想讓人再來一次的人生？」

永恆輪迴的思維實驗所丟出的問題核心，就在於此。

「你想再活一次值得的人生嗎？」意即問自己：「你是否過著令你滿足到願意再來一次的人生」。如果你正過著不想重來的人生，那很肯定你絕對不是過著最好的生活。想像生命無限反覆的時候，我們就會非常清楚自己究竟該怎麼活。

來！我們是時候問問自己了：「究竟該過怎樣的人生呢？」

生命的最大重量

永恆輪迴，是尼采的核心思想之一，也是最獨特的思考機制。讓我們直接聽聽，尼采如何述說生命的永恆輪迴：

如果一個白天，或一個黑夜，惡靈來向你最深的孤獨說這麼一番話，你該怎麼辦？「你經歷過的，現在仍持續經歷的這段人生必須重來一次，且必須不斷重複。那裡沒有新事物，所有痛苦、所有快樂、所有想法與所有嘆息，生命中曾經理不清的大事小事，都重來一次，若這一切都完完整整的依序重來一次。樹木之間的蜘蛛、月光，以及這一瞬間和自己。若現存的永恆沙漏不斷翻轉再立起，塵埃般的你與這沙漏一同不斷反覆！」

你會否咬著牙，詛咒將你丟在這片土地上對你說這番話的惡靈？抑或決定對惡靈說：「你是神，我不曾聽過比這更神聖的話！」並體驗人生最驚奇的時刻？若你被這樣的想法支配，那將使此刻的你改變，或許也將使你崩解。「你願意再一次地，並且不斷反覆地過現在的人生嗎？」

這個問題在每一個時刻，都為你的行為擱放了最沉重的重量！若除了這最後且永遠的確認與封印之外，再也不做任何要求，你該如何打造你自己與你的生命？

——《歡悅的智慧》

第四章

停止取悅他人，脫離被期待的人生

我想告訴你們！世上有高貴之人與卑賤之人。無論在任何狀況下，即便只是微小的個人，他的存在也能長達數千年。這一切都能變得理所當然。

——《權力意志》

成爲「超人」的方法

雖然上帝已死，但上帝之影仍在生活中的每個角落緊緊束縛著我們。

在家庭、在學校、在職場，以及在一切與人相處的所有地方，都被我們所看不見的習慣與義務給操控著。無論是獨自一人或是與他人共處，每個剎那必須履行的義務、必須守護的面子、不知從何時起紮根的執拗信念，如影隨形。

突然被問到某些事情時，最先想到的見解，通常並非我們自己的見解。那反而是屬於我們的階級、地位、出身的一般見解而已。我們很少能夠輕易展現自己的見解。

——《人性的，太人性的》

發現了嗎？問題的關鍵在於這一切使我們無止盡的「比較」，令我們退縮、令我們疲倦。這一切掩蓋了我們眞正的需求、現實的需要並使其扭曲，令我們理所當然地活著我們不想要的人生。我們無法得知自己究竟在過誰的人生、究竟爲何而滿足，只有內心深處的心理抗拒與空虛感隨侍在側。

所以我說，人生本就如此，人生就是一件苦差事！人生就是空虛徒勞！

不過尼采卻說，眞正的人生其實正好相反：

但我們在需要勇敢時，絕對不會這麼想。我們反而不會去想關於這的一切。

——《歡悅的智慧》

總是充滿好奇、總是享受、總是充滿希望地期待，每個刹那都對生命充滿渴望。於是爲了讓我們脫離痛苦與空虛的泥淖，尼采告訴我們「超人」的存在。

尼采高喊應該抗拒上帝，建立自己的法則，活出眞正的自我。他說這並非否定、疏遠自我，而是要時時刻刻都用樂觀的態度去面對。因活著而感到喜悅，並盡情享受那份喜悅，這就是「超人」。

這是我的教導。人們必須學會如何愛著健全、健康的自己！因為人們不能忍耐壓抑自我，浪費時間白白地徬徨猶豫。

——《查拉圖斯特拉如是說》

現在，我們已經充分理解了超人思想；現在，我們更能訂定方向，也能夢想成爲超人，剩下的只有實踐而已。但無論如何可以確定的是，我們的腦袋清楚理解這一點：什麼是尼采的哲學、超人又是如何出現，我們都依靠理性的邏輯，清楚理解了這一點。

現在只需要透過實踐，將尼采的超人思想套用在自己的生命中，並讓自己重生爲超人。這裡有一件事絕對不能疏忽，那就是「重生」。**那並非是用腦袋理解，而是身體的變化；並不只是知道「如何成為超人」，而是要像超人一樣感受、像超人一樣反應。**

回想一下，尼采是如何獲得不被輕易動搖的自尊心吧！

不是靠知識改變，而是經由巨大的痛苦改變了身體。如同前面所舉的例子，當豹成爲樹懶之後，牠便進入再也不想奔跑的狀態。悲觀的人該做的不是努力讓自己樂觀，而是試著讓自己變成享受活著、因活著而喜悅的人。該改變的不是想法，而是情緒、情緒反應與身體，否則尼采的思想，怎麼又會被稱作是身體的思想呢？

改變身體感受，即能改變心理狀態

這時，或許會有人說這些話很荒唐，然而這個論述確實有跡可循，至今已有許多臨床心理結果，證明了這一點。無數的人們透過改變自己的情緒反應，改變了身體的感受，並享受著徹底的樂觀。最重要的是，唯有改變身體的反應，才能夠擁有不再動搖的堅定自尊。因爲唯有喜悅地「接受活著」這件事，並以樂觀的情緒反應面對，才能不再因否定自己而害怕退縮。

也因此，現在我們需要身爲心理學家的尼采。因爲這並不只是理解的問題，而是心理上變化的問題；這不只是想法的問題，而是情緒與身體變化的問題。尼采哲學的力量，可說是對人類心理的深入洞察，他稱自己爲心理學家絕非空話。回想一下，前面也提到過考夫曼曾說：「若忽視尼采哲學的心理學性格，那必將誤解尼采。」

換言之，**能夠超越語言，促使身體改變的，正是尼采哲學的核心所在**。

爲了幫助各位理解尼采哲學的心理學面貌並實際運用於生活中，並藉以改變身體的反應，以下將借用卡爾．羅哲斯的心理學理論，進一步說明。

卡爾．羅哲斯是透過奧托．蘭克繼承了尼采思想的心理學家*。蘭克是佛洛伊德的弟子，也是其中最出色的尼采研究專家；他的思想透過自己的學生影響了羅哲斯。而羅哲斯將尼采的思想與衆多的臨床心理學經驗，及他個人成爲現代諮商技巧範本的對話法結合，建構出「以人爲本的心理學」。

對許多人來說，透過他的心理學技巧與理論，可以幫助人擁有驚人的樂觀、恢復自尊心，進而聯想到超人。而我們也能透過他的思想，更輕鬆、快速地學習如何實踐尼采思想的核心「超人」。

＊卡爾．羅哲斯與蘭克的學生一起度過研究活動最為活躍的時期。蘭克的學生伊莉莎白．戴維斯（Elizabeth Davis）和她同事的見解，自然地融入了羅哲斯的思想與臨床活動中。撰寫蘭克傳記的潔西．塔夫托（Jessie Taft）的成就，也大大影響了羅哲斯。羅哲斯也正式承認過他欠潔西．塔夫托人情，更說自己「結合了蘭克系統的思想」。

羅哲斯創立以人為本的心理學與對話治療，建立了現代心理學的根本。如果說精神分析大師是佛洛伊德，行為心理學大師是史金納的話，那麼稱霸現代心理學一方的人本主義心理學最具代表性的大師就是羅哲斯；這三人代表心理學與心理治療的主要流派。羅哲斯去世之前，被美國譽為超越佛洛伊德最具影響力的心理學家。二〇一二年英國心理諮商就有百分之七十使用羅哲斯的理論，例如：二〇一二年由戴夫．梅恩斯（Dave Mearns）和布來恩．索恩（Brian Thorne）合著的《人本諮商治療的臨床案例》（直譯，*Person-Centred Counselling in Action*）即是如此。

羅哲斯的刀

尼采宣告了上帝與形而上學這類唯一眞理、唯一解釋的終結，要人們從此恢復自由。不過又有什麼比唯一眞理更有毅力地苟延殘喘、苦苦地糾纏著我們呢？致使尼采因爲這些苦苦糾纏的影子，而感到憂慮並大力抨擊：

佛祖死後的數百年，人們仍在洞窟裡供俸他的影子。那些巨大且令人驚恐的影子。上帝已死，但人的模式均是如此，未來數千年內，供奉他影子的洞窟仍會持續存在。因此我們只能不斷地征服上帝的影子。

——《歡悅的智慧》

爲此尼采舉起了鎚子，這支鎚子名爲「透徹且冷靜的分析」。其力量之巨大，足以破壞名爲近代的龐大思維體系。不過我們依靠著過於龐大的資訊量，在理解、思考這每一件事情，而我們的思考時而太過縝密，時而又太過簡略、模糊，所以需要許多時間與努力去理解這些事。

幸好我們可以透過心理學家羅哲斯的「海島理論」，隨時隨地輕易擺脫唯一的眞理、唯一的解釋。我們擁有「海島理論」這把簡單明瞭的刀，可以像尼采的鎚子一樣，嘗試切割那執拗的影子。尼采之鎚力量過於強大，足以摧毀、征服現有的一切價值，而羅哲斯的刀則簡單明瞭地劃過一刀又一刀，將執拗地糾纏著我們的習慣與觀念之結，瞬間連根拔起。那麼究竟什麼是「海島理論」？爲什麼它能輕易地幫助我們，擺脫無時無刻糾纏的影子呢？

海島理論簡單且容易理解，就是只要把每個人想成是一座「島」就好。

我是一座島、你也是一座島。無論是高高在上的掌權者，還是年幼無知的孩子，每個人都是一座島，他們絕對無法連結在一起成為一塊大陸，他們自始至終都將是島。我們能做的，就只有想盡辦法偶爾搭起彼此往來的橋樑而已。

換句話說，我們每一個人都擁有天生的環境、體質、性向，每一瞬間遭遇的人生經驗都大不相同，所以絕對不可能一樣：在這世上，不可能有任何人擁有相同的想法、相同的經驗、面臨相同的狀況，所以也就不可能將任何人綑綁在一起。如果試著尋找共通點並以理論解釋，或許能夠將人們綑綁在一起，但只能以自己的觀點看待一切的每一個個人，是不會徹底合而爲一的。

我們絕對不會合而爲一，只能偶爾搭起橋樑進行溝通而已。無論再厲害的溝通，我們仍然是一座島，不會是大陸，這是我想不斷強調的事。而在尼采的作品中，亦能清楚看見這種源自於「個人認知」的極限：

無論我的眼睛好或不好，我現在都只能看見近距離的東西。我所活動、生活的空間，不過是如此狹小的地方。這條地平線直接規範了我大大小小的命運，我無法擺脫這命運。一切的存在都圍繞著自己擁有的唯一的圓，我們就站在那圓的中心。耳朵也使我們困在小小的空間裡，觸覺也沒什麼不同。我們的感覺將我們困在有如監獄一般的狹窄牆內，我們以這條地平線丈量世界，以為這個東西很近，那個東西很遠；將這個稱為大，將那個稱為小。

……正是這種感覺機關，成為我們所有判斷與「認知」的基礎，沒有任何方法能擺脫。我們沒有任何退路或小路，能走入真實的世界！我們困在自己的網裡，名為我們的蜘蛛無論在這網中捉到了什麼，除了落入我們這張網裡的事物之外，最終我們什麼也抓不住。

——《朝霞》

不可能有思維、感受一模一樣的人

我們不會跟任何人一樣，也不會和他人有一樣的感受。因此不可能用同樣的方式理解或解讀一件事；即使乍看之下有許多相似的地方，但仍在許多部分有所不同。例如：A說「眼睛」，實際上是在說眼珠與視線。而B說「眼睛」時，是在說眼睛整體的樣子、眼睛的顏色與眉毛的模樣。即使同樣是在說眼睛的能力，

人們必須了解，
「對一個人正確的事，對另一個人也正確」的想法，
究竟有多麼不道德。

——《善惡的彼岸》

A可能想到的是眼睛可以看得多遠，而B想到的可能是眼睛能夠辨識出多少種顏色。即使只是提到「眼睛」這一個詞，就可以有這麼多溝通上的不同，而這就是我們的對話。

此外，我們至今感受到的、記得的事情也都不同，不是嗎？重視的事物也會因爲立場不同而改變，所以該如何有統一的對話呢？因此，不可能有徹底且完整的溝通，也沒有完全客觀的解釋。**無論任何事實都不見得是絕對的事實，無論任何眞理都不見得是絕對的眞理**。世界的眞相就是如此，我們也必須配合這樣的觀點看待世界。尼采不就是爲此，才舉起名爲理性分析的鎚子嗎？

如今我們該以羅哲斯的「海島理論」這把刀，做出適合眞正現實的解釋。一旦將海島理論套用於眞實生活中，唯一的眞理、唯一的解釋便不復存在。這個解釋或許是正確的，但我們也無法確信那個解釋絕對錯誤。因此，這個眞理也可能是眞理，那個眞理也可能是眞理。沒有一個地方能讓絕對的眞理、唯一的眞理、永遠的眞理持續存在。如今已是絕對的神、唯一的形而上學無法支配我們的世界，所以我們能對一切抱持開放，以多角度的解釋、多變的觀點解讀一切。

用越多眼睛去看一個對象，我們對那個對象的「概念」與「客觀性」便越完備。

——《論道德的系譜》

如今我們能較爲自然地從盲目的事物、社會或人們默默要求的事物中，獲得更多的自由。因爲他們或許正確，而我也可能是正確的，因爲他們與我絕對不可能一樣。我們再也無法認同唯一的絕對標準、唯一的絕對道德。

我們不能不改正單一的道德。所以人們必須了解，「對一個人正確的事，對另一個人也正確」的想法，究竟有多麼不道德。

——《善惡的彼岸》

唯有在生活中實現海島理論，才能擺脫所有支配的想法獲得自由。這才是即使面對同一件事情，也能擁有千種觀點、千種方式的明確方法。

什麼是「海島理論」？

海島理論簡單說就是這樣：「你是你，我是我！」、「你的想法跟我的想法不一樣！」、「你和我不一樣，絕不可能一樣！」。

這種思考方式任誰來看都不會覺得新鮮，也並不是什麼了不起的思想；人人都可能有這種想法，也可能一直秉持著這樣的想法。不過正是這麼簡單的海島理論能做到許多意想不到的事情，才可以讓我們從許多觀念與規範中獲得自由。

例如：我們生活中經常能聽到：「別太執著於他人對你的想法。」、「只要你不同意，沒有人能夠貶低你的價值。」、「不需要讓全世界的人都喜歡我。」、「假裝發瘋十秒鐘，鼓起勇氣吧！」等樂觀的話。對經常看別人臉色或容易退縮的人來說，這些話聽來都十分有感觸，因此，也有很多人將這些話記在心裡。然而在遭遇困難時，通常就不太會想起這些話了。爲什麼呢？

因爲經常與他人比較，容易以較爲悲觀的心態看待自己，導致雖然明明不想做，卻下意識被其他人牽著鼻子走；想說出眞心話，卻因爲習慣看人臉色而沒有勇氣說出。那麼，到底該怎麼辦呢？這時只要記得海島理論，就能拋開內心的抗拒。只要有了「你是你，我是我！」這個想法，自然而然就會對自己的行爲和想法更有信心，不再看人臉色或是退縮。因爲對方的想法可能是對的，但我的想法也可能是對的，當沒有人能確信我的想法有錯時，我又何必要退縮呢？更不需要鼓起不必要的勇氣讓自己受到侮辱。

也就是說，**只要熟悉海島理論，就不會再執著於他人如何看待自己。反正我的立場是我的立場，而你的立場是你的立場。即使有人瞧不起我，也不過是那個人的觀點罷了，絕對不需要太在意。**

當然，也可能是相反的情況。也就是說我可能是對的，對方也可能是對的；我的想法有根據，對方的想法或行爲也有自己的理由。在這樣的前提下，可以推測對方有自己的理由，也讓我們有更多的空間能夠理解對方，同時也能自然地用開放的觀點看待對方，更進一步避免較多的摩擦。

畢竟如果有一個人對自己抱持開放的態度，就很少會有想批判對方或跟對方起衝突。這樣的做法，反而能使他人更積極地傾聽抱持開放態度的我們想說什麼。所以，經常使用海島理論，就能讓我們漸漸地不再固執，並抱持開放的態度，自我表達也會更明確。因爲比起固執己見，我們更想了解對方；比起看人臉色，我們更希望表達自我。

與此相對，如果無法記住這個簡單的方法、這個簡單的眞相，那麼我們只能不斷地看人臉色、不斷與他人比較，也就會時時刻刻落入觀念與規範的圈套中，無法成功看見自己眞正的樣子。反之，懂得掌握海島理論的我們，甚至可以超越對錯，昇華至善惡的境界。這會使我們在面對平時確定有問題的事情時，也會嘗試傾聽、理解；面對被歸類爲惡的事情時，也會看見善的可能性。

善與惡這些名字，終究不過是比喻。這些名字只會使眼色，並不會說話。因

此嘗試從這些名字獲取知識者，實際上是個傻瓜。

——《查拉圖斯特拉如是說》

一旦善惡界線模糊，也會鬆動我們心中堅定的標準。我們會了解到曾經相信必須守護的信念，其實不過是一家之見，也能看見此外的更多可能性。所以過去一直認為有錯的想法與行為，從此非善也非惡，也會使我們不再只會批判，而是能真正地正視自己的想法與情緒。

這是非常重要的轉捩點：了解每個人在想法和情緒上都能有不同立場，絕對不應該對持不同立場的人進行批評或批判。**而當我們開始如此坦然地接受自己悲觀的樣子時，我們才能開始真正地接受自己。當我們能不再否定自己時，真正的自信就會開始萌芽。當然，這樣的自信就是真正的自尊。**

以「海島理論」領略尼采所言的身體變化

擁有海島理論這把刀之後，我們就完成了尋找眞正自尊的所有準備。每當在生活中遭遇上帝黏人的影子時，便能立卽將其拆解，也能更淸楚知道自己究竟是誰，同時也已經準備好看見眞正的自己。

最終，我們將擁有不會被輕易動搖的自尊，並懂得享受生命的喜悅，擁有盡力幫助自己成長的生命力與樂觀的心。

在展開這段驚人之旅前，爲了幫助各位更加了解海島理論在其中扮演的角色，我們再看一次關於尼采的生命旅程吧！

尼采長期受痛苦折磨，其擁有龐大的文史知識和一位名叫叔本華的老師。在痛苦之中，一天他經歷了「精神的斷絕」。精神的斷絕使他對自己一直以來抱持的想法感到陌生，並且擁有了全新的觀點，進而產生「新的認知」、「新的價值觀」。這時，他對過去的對錯、美醜都有了截然不同的看法，最後「令他的身體起了變化」。

身體變化之後，一切感覺都不同了，一縷陽光、一片麵包都溫暖、甜美。曾經痛苦且空虛的生命，成了一刻也不想錯過的珍貴美麗時光。活著就是一種祝福，而祝福使人生變得值得。過去想放棄生命的想法也已經改變，心中充滿渴望生命生機盎然、活力十足的欲望。自此虛無主義無所遁形，由「生命的樂觀」所填滿。

從心理學層面來看，我們獲得自尊的過程，實際上與尼采的變化過程十分相似。

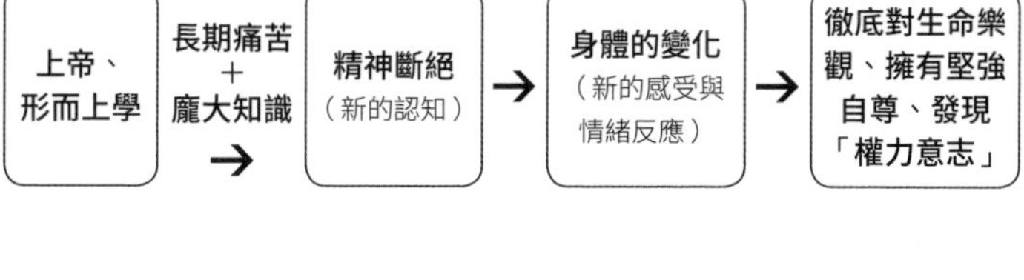

重獲自尊的旅程

養成許多成見與習慣的我們，若能時時刻刻運用海島理論，就能使自己更自由；無論自己是好是壞，都能夠欣然地理解、接受自己。這樣一來便會慢慢地產生「精神上的包容」，而這就是尼采的精神斷絕。

這時不同於過往想法的「全新認知」會在心中萌芽，進而能慢慢看見超越善惡的自己。越是熟悉這個過程，就越能慢慢進入「直接看見身體、直接聽見身體聲音的階段」。這種「身體的接納」，就是尼采遵從身體變化的階段。當我們慢慢開始充分聆聽身體的聲音之後，身體的大聲呼喊就會消失，進而開始「經歷身體的改變」。接著我們會更能漸漸地完整接受自己的身體，而那就是「完整接受自己」。開始能完整接受自己之後，就能徹底相信、接受自己的存在，而這就是「堅定獲得不被輕易動搖的自尊」之路。

仔細想想，若無論何時何地，都能接受自己的任何一個部分，又怎麼會否定自我呢？若完全不否定自己，自尊又怎麼會被輕易動搖、被輕易貶低呢？

到了這個時候，我們就會像花朵般渴望盛開一樣，努力使自己繼續成長、成爲一個充滿活力的人。曾經不斷否定自己的人，也會以樂觀的心態從好的角度接納自己；隨時抱持負面想法，導致自尊低落的人，也不再會像過去那樣退縮。因爲我們開始堅定地對生命抱持樂觀的態度，自然就能擁有不輕易被動搖的自尊。

除此之外，我們必須清楚知道，接納身體的階段就是尼采的立法者階段。

因爲自所有的上帝與上帝的價值中獲得自由者，將會成爲爲自己建立法規的超人。但究竟該以什麼爲基礎立法？這時我們會發現，身體就站在立法的中心。

過去的「法」是以語言、理性為中心。而以語言和理性為中心所聽到、學習到的，其實是社會所要求的、來自周圍的期待所制定的法規，是絕對不適合自己，且會令自己感到不自在的扭曲

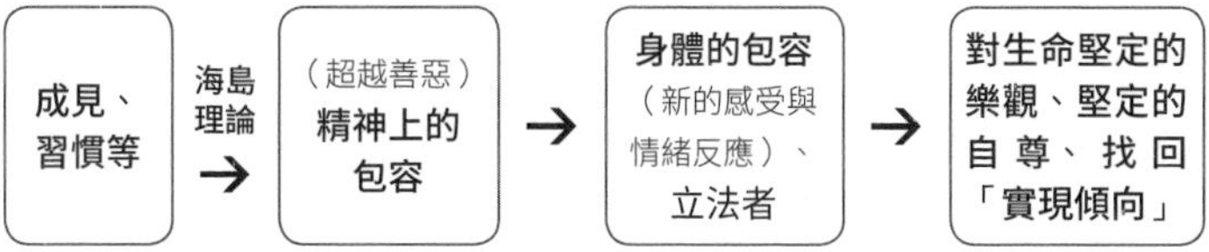

規範。但如今我們不能再以語言和理性，而是必須以身體爲中心建立法規。那是沒有任何人的偏見介入，純粹只以源自個人情緒與欲望的事物爲標準，所建立的全新法規。

藉著建立專屬個人的法規，我們就能大方地成爲超人。總的來說，能夠成爲不受他人價值束縛的人，就是眞正的超人。

第五章

勇敢正視自我的情緒

在我有好表現時保持沉默，
在我出糗時盡情歡笑。
我們不要再這樣了！

——《人性的，太人性的》

不要害怕沒落

從很久以前開始，我們就不斷追求正確的、值得期許的、好看優秀的、成熟的等，許多一般社會與周遭所認定的「好」的事物，而這些也成了表達自我的形容詞。我們就是這樣，不斷追求自己的璀璨光明，刻意迴避負面陰暗的一面。

然而，在漸漸熟悉和接受「我是我，你是你」的海島理論之後，不僅能不再看他人的臉色，甚至能大方接受自己也有負面情緒。因爲我們了解到，沒有適用於任何人的絕對的善，對錯本身也會因人們的立場而有所不同。

如今，我們可以錯得離譜，也不必非得值得期待；不需要優秀、不需要好看；幼稚的時候就幼稚，我們可以很率直就好。與此同時，開始認同曾經被視爲黑暗、邪惡的事物，其實是人人都會擁有的面貌。尼采稱其爲「沒落」，也要求這樣的沒落。

你沒有放下自己沒落的勇氣，所以你絕不可能煥然一新。屬於今天的我們的翅膀、色彩、服飾、力量，明天都必須成為灰燼。

——《尼采遺稿》

對尼采來說，「沒落」並非「上升」的對立。尼采相信，下到越深處就越能抵達更高處。就像他認為太陽的升起與落下並非對立，不過只是太陽巨大圓周運動的一部分罷了。

為此，我必須下到更深處才行。你，滿盈的天體啊！如同你每個晚上都沒落至大海的那頭，為下界帶來光芒一般。

——《查拉圖斯特拉如是說》

由此可知，尼采能夠欣然地沒落。我們也應該牢記「沒落」與「上升」並非對立，而是我們同時所擁有的一體兩面。

世間的道理絕非二元對立

形而上學者從根本相信，所有價值均是對立的。……我們可以懷疑以下的事實：第一，對立是否真的存在？第二，形而上學者所擔保的大眾的價值評估與價值對立，或許不過只是表面的評價而已，或許只是一時的觀點而已。……

——《善惡的彼岸》

從以上尼采的文字中能發現，他可以欣然地接受、允許我們所擁有的一切負面、懦弱、幼稚。爲什麼呢？因爲**當我們欣然沒落，之後就會如同太陽再次升起一般，終將重新找回光明**。

那是人所需要克服的。正在沒落者，會祝福正在前往彼方的自己。而名為醒悟的太陽，則正高掛在那裡的天空中。

——《查拉圖斯特拉如是說》

不過新升起的太陽並非過去的太陽，而是克服了負面的一切，重獲新生之後更加明亮、更加樂觀的太陽。當我們讓自己沒落、欣然接受自己悲觀的一面時，我們就會成長，變得更加樂觀、更加堅強。

樹木越是想往高處、想往明亮之處生長，其根便會越用力地朝向土裡、朝向深處的黑暗、朝向地獄、朝向邪惡之中延伸。

——《查拉圖斯特拉如是說》

負面情緒存在的正當性

沒錯。沒落是超越善惡的方法，是讓我們重新爬起、更加堅強的方法，也是讓我們更開朗樂觀的方法。或許你一直都在嘗試海島理論，並且已熟悉了沒落。然而，由於想法跟經驗不同，所以你也一直告訴自己，可以欣然地接受自己那些看來有些負面、有些黑暗的想法與經驗，也因此你能用不同的思維做出不同的判斷。或許有些不端正，或許有些貪婪或幼稚。

但那些仍然只是「想法」，你只是允許這些想法而已。現在讓我們開始眞正的沒落吧！你要做的不再只是想法，而是要連自己的情緒都一起沒落，再欣然地接受、包容這一切。我們必須接納的，不只是單純的理解，而是眞正的自我。

或許會有人反問，人是理性的動物，我們必須透過理性解決問題，情緒只不過是必須受理性支配的懦弱本能。

其實，當代最頂尖的腦科學已斷定完全獨立的理性理論，並不存在。根據報告指出，就連負責理性的大腦皮質都不斷受情緒影響。

事實上，情緒是我們天生的身體警訊。當捕食者出現時我們會產生害怕的情緒；必須與敵人戰鬥時會產生憤怒的情緒；我們會對腐敗的肉、骯髒的事物感到嫌惡；跟同事處不來時會感到孤獨；幸福或愛這一類的情緒，則能使該狀態延續，進而讓我們與他人和平相處。

情緒與感覺就像這樣，會在我們行動時發送必要的情報，讓我們意識到情緒並做出行動，進而得以生存。人類在進化成人之前，便是依賴這樣的情緒訊號。

情緒與我們有不可分割的關係，承載了我們天生的反應。我們如果能好好觀察情緒，就能更清楚看見自己眞正的需求與反應。相反地，若無視情緒，我們就會扭曲自己對自己發出的無數訊號，進而壓抑自我。

恐懼、憤怒或孤獨等情緒之所以產生，肯定其來有自，那是爲了通知我們而響起的警訊。當我們認知到這點，並以任何方式因應時，情緒就得以紓解，如此，

我心中有不被抑制、
不能被抑制的東西。
現在
它想大聲說話。

——《查拉圖斯特拉如是說》

便能再次找回安定、獲得平靜。

換言之，所謂的情緒，是面對狀況的一種警訊，若我們能認知到這種警訊，情緒就能在盡到應盡的責任後消失。

相反地，若無視、壓抑情緒，情緒不但不會消失，更會在內心壓抑、累積。不斷累積到最後，心就會更加扭曲，靜待著爆發的時刻來臨，嚴重的話甚至可能演變成「抑鬱症」，進而導致生理上出現異常或疼痛。

> 我心中有不被抑制、不能被抑制的東西。現在它想大聲說話。
>
> ——《查拉圖斯特拉如是說》

利用海島理論，接納負面情緒

因此，我們必須辨別並接受情緒。

即便那些情緒是負面的、令人羞愧的，也必須欣然讓自己「沒落」。唯有這樣，負面情緒才能自由發散、飛翔，而不會被關在心中。只要表達、認識情緒，情緒就會立刻改變，但我們大多都想盡辦法否認負面情緒，希望它快點消失，有逃避、壓抑這些情緒的傾向。最後會使得這些情緒無法發洩、無法消失，積攢在我們心中某個地方，靜靜等待爆發的時刻到來。

那麼，究竟該如何使情緒沒落？很簡單，**那就是正視自己的情緒，承認那是自己的情緒就好**。當然，在這個過程中，需要用到前面介紹的海島理論。爲什麼呢？

因爲我們產生負面情緒時，總會認爲是自己不好，並逃避這樣不好的自己。這時只要利用「我是我，你是你！」、「有這樣的情緒，也會有那樣的情緒」，一切都有可能發生的觀點思考，就能大幅減緩對負面情緒的抗拒感。例如：

「我像個小孩一樣幼稚！幼稚點又怎樣？反正人人都會有這樣的情緒，這可以是幼稚，但也可以是直率！」

「啊，眞是丟臉死了！唉唷，丟臉又怎樣？丟臉也是我的情緒啊！丟臉不過是人人都可能會有的自然情緒。」

「真的好想要那個東西！厚臉皮又怎麼樣？反正這是我真實的心聲啊！換成其他人，也會表達自己的欲望吧？我實在不必隱藏自己的想法，這可以是厚臉皮，但也可以是直率。」

就像這樣，面對情緒襲來的每一個瞬間都坦率接受，再利用海島理論承認這些負面情緒原本就是存在的，就不會再害怕「沒落」了。

哺乳類的腦

人類的大腦大致可分爲「爬蟲類的腦」、「哺乳類的腦」與「人類的腦」。

位在大腦最內側的是腦幹（brainstem），負責調節體溫與脈搏，是維持生命最基本功能的地方；因爲與爬蟲類的腦類似，故通常稱爲「爬蟲類的腦」，是在進化過程中最先出現的，故也稱爲「原始腦」。除此之外，包覆著腦幹的是邊緣系統（limbic system），則負責掌管情緒、感覺與記憶；就像貓或狗也會生氣、也會難過一樣，這個部分與舊哺乳類的腦十分類似，故稱爲「哺乳類的腦」。

最後，則是從上面大範圍覆蓋這兩個部分的大腦皮質（neomammalian），負責靈長類獨特的語言與邏輯推論，因此也被稱爲「人類的腦」、「理性的腦」。

這個部位，在進化過程中最晚登場，故也被稱爲新皮質，負責控制邊緣系統產生和表現衝動與情緒反應等。

我們要關注的部分，是掌管情緒與衝動的邊緣系統。它剛好位在通往理性腦大腦皮質的通道上，會以任何可能的型態對理性腦造成影響。

特殊的人腦構造，使我們無法迴避情緒干擾

韓國腦科學專家朴文昊（音譯）博士曾說：「認知處理過程本質上是由受情緒渲染的記憶所構成。」這告訴我們，哺乳類的腦其作用十分強大，不僅在認知過程中會受情緒影響，更會影響邏輯思考的過程。這也是爲什麼人們在爭論時，大多會被情緒影響的原因。只要看神經細胞的數量，隨即能明白爲何理性難以壓抑情緒。大腦皮質中，從控制情緒的前額葉皮質進入杏仁核的神經纖維數量，比從杏仁核進入前額葉皮質的神經纖維數量要多上許多。

然而也正因如此，只要邊緣系統冷靜下來，前額葉皮質就算不刻意控制，我

們也能變得樂觀、覺得世界充滿希望。相反地，如果邊緣系統過度活躍，那麼即便我們傾注再多努力，也很容易感到不安、無法甩開負面情緒。**結論就是，很少有完全獨立的理性與邏輯存在，無論如何都會受到情緒影響。**

邊緣系統與腦幹和身體直接連結，所以身體會立刻產生反應，例如：看見心愛的對象會心跳加速、在難相處的人面前會坐立難安且冷汗直流等身體反應，都是來自於此。

這也是爲什麼我們要正視情緒、正視身體的腦科學。

所謂價值，是高掛在發現新祝福、新情緒之處的羽毛。

——《權力意志》

活得更直率一些

「看搞笑電影只要笑就好；看悲傷戲劇只要悲傷就好；遇見好書、好音樂，只要享受就好。
不要在意這部電影的導演是誰、場面調度如何，演出這部電影的演員演技如何，這本書的作者是誰、這音樂的編曲如何如何。」

——《要成為大人，我還差得遠》（直譯，나는 아직, 어른이 되려면 멀었다）

只要感覺自己所感覺到的，並且對自己說出那些感覺就好。越是這麼做，我們就越能了解自己，也就越能在現實生活中表達自我。但說起來很簡單，實際上我們卻無法輕易做到。這是爲什麼？是不是因爲我們每個瞬間都在找個名分、找個理由，都費盡心思想尋求專家的見解、權威人士的評價？於是，錯過了看見眞實自我的機會，扭曲自我、再度汲汲營營於他人的標準？

有鑑於此，心理學家羅哲斯主張，個人的心、想法與表達必須一致；換言之，他十分看重「一致性」*。

簡單來說，一致性可以說是直率。我的心與我的想法一致，便不會有扭曲介入的餘地。我與我之間沒有扭曲介入，就表示我能更準確的看清自己。所以唯有追求一致性，才能夠看見眞正的自己。

尼采也是以「一致性」，完成他的主要工作。

---

* 在羅哲斯的心理學中，一致性是非常重要且全方位通用的原則。不僅是來談者，就連諮商者的情緒與想法也必須一致。越是這樣，就越能使緊閉心門的來談者敞開心扉。當來談者產生一致性時，他們才能真正看見自己，進而獲得真正的治癒。

他的冷靜睿智，其實源自於他對自我內心驚人的坦率觀察，尼采的哲學是不斷且徹底地使自己的內在與想法一致的成果。尤其在《人性的，太人性的》中，他直率地揭露出人類內心的二重性，可說是對扭曲的警告。也因此，我們每個瞬間都必須檢驗自己眞正的情緒、眞正的想法，必須努力讓這兩者維持一致。

腳和眼睛是不能說謊的。它們也不能訓斥彼此說謊。但小人當中，有太多愛說謊的人。

——《查拉圖斯特拉如是說》

實際上，追求一致性非常簡單。每當產生幼稚的心理，就承認這樣幼稚的情緒；感到丟臉，就認知並承認丟臉的心情；若有了害怕的感覺，就正視這種情緒存在的事實。當然，這個過程不能缺少海島理論，因爲我們在看自己時，總會把自己想的比較好，鮮少以負面的角度看待自己，而海島理論則能幫助我們跳脫扭曲的觀點。

以下，讓我們來看看「嫉妒的情緒」這個例子吧！

坦然地面對情緒，才有辦法消化它

A與B都經營餐廳。A的料理技巧出衆，餐廳的客人較多。某天B打出「樂活餐飲」的口號開始引起關注，不僅上了電視，更透過地區頻道打廣告，搖身一變成為知名的連鎖餐廳，大獲成功。

A看到這樣的B感到很不是滋味，覺得實力比自己差的人竟然更成功，讓他感到十分委屈。A想：「奇怪，餐廳最重要的當然是味道，說什麼樂活啊？這種包裝過的行銷用語根本都是假的，是不實廣告吧？」造假的B固然有問題，但被這種言詞迷惑的大衆也讓A感到失望。於是每遇到一個人，A便大肆批評B，並且感嘆大衆過於愚蠢。

如果這時A對自己的情緒更坦率，他很快就能察覺這是在「嫉妒」，接著運用海島理論承認自己是個會嫉妒的人，進而正視每個人都可以有不同的生活方

腳和眼睛是不能說謊的。
它們不能訓斥彼此說謊。
但小人當中，有太多愛說謊的人。

式，絕對沒有誰對或誰錯。如果A能坦率地面對自己的情緒並正視這個狀況，或許就能像B那樣用新的觀點改變自己的餐廳，燃起欲望開發更優秀、美味的餐點，也說不定。

相反地，他也可以正視B打太多廣告，有廣告不實的風險這件事，並承認B願意承擔這個風險，而他只是選擇了穩定的生活，並對這樣的自己感到滿足。重要的事情是，不要浪費太多時間去扭曲自己、批評他人。

當然，可能有人會在這裡提出反對意見。被嫉妒蒙蔽雙眼、開始批判他人的人，怎麼可能有閒情逸致去覺察自己的情緒？被嫉妒這種負面情緒所淹沒的人，眞的能夠只靠「我是我、你是你」這個簡單的想法，就承認嫉妒心作祟嗎？

其實海島理論確實能幫助我們更輕易面對、承認自己的嫉妒心，但並不是所有人都能在那樣的狀況下承認自己的想法。即使想大聲承認「嫉妒又怎樣！」，也會因爲難以看見那藏得太過嚴密、太過扭曲的嫉妒之心，而難以坦然說出口。所以這也是爲什麼，會有許多人容易扭曲自己的情緒，並且錯過好好排解情緒的時機。

然而不可否認的，這就是我們的現實，也因此我們必須進步。這是爲了讓理性有介入的空間、是爲了消除情緒扭曲的可能性，也是爲了清除那些與坦率作對的力量。而情緒扭曲、與坦率作對等現實問題的解決之道就是「身體」。尼采認爲身體才是更巨大的理性，比理性更値得信賴。

身體是巨大的理性，擁有唯一的意義，而其所具備的意義同時也擁有多樣性。那是戰爭也是和平，是畜群也是牧者。兄弟們！你們稱為「精神」的那小小理性，也是身體的道具。那不過是你巨大理性的小小道具，不過是玩具而已。

——《查拉圖斯特拉如是說》

因此，想要正確理解情緒時，就必須觀察對情緒做出反應的身體，這樣一來理性便會失去扭曲的力量。因爲無論理性再怎麼試圖說謊，身體都會如實的反映出情緒。

身體會告訴你眞實的情緒

回到前面的舉例。被嫉妒吞噬的A若觀察自己的身體，就會發現身體正在產生一些反應。有句話說吃不到葡萄說葡萄酸，的確，很有可能會產生不是滋味的感受，也可能會覺得心裡哪個角落不太痛快、莫名感覺不舒服等。這些都是身體對該狀況的抗拒反應，只要靜靜觀察這樣的身體，很快就會意識到這是嫉妒心所引起的問題。

沒錯，若我們能像這樣正視所有情況，身體就會做出反應，那是最正直、最直率、最無法隱藏的反應。

那麼，當情緒來臨時，究竟會有什麼身體反應呢？例如：感到恐懼會毛骨悚然、冷汗直流；感到憤怒會雙頰泛紅、心跳加速；感到厭惡會覺得反胃；墜入情網時會心跳不已。當然，每個人遇到這些時刻的身體反應都不一樣。不過若能仔細觀察身體對這些事情的明確反應，就能意識到自己身上確實產生了某些情緒，如此，便可以更輕易接觸「眞正的情緒」、「眞正的我」。當我們獲得想法與身體的一致性之後，就能開始遇見眞正的我，也能更冷靜地看待現實。

這樣正視自己眞正的情緒與身體、接觸到眞正的自我，同時認同這就是自己之後，我們就能慢慢接受、接納眞正的自己，進而迎接眞正的改變。

第六章

與真正的自己相遇

人經歷長久的痛苦與威脅
及自我鍛鍊後，
將成爲截然不同的自己。

——《尼采反對華格納》

看清扭曲虛假的情緒

我們擺脫了圍繞在身邊的觀念及傳統，並爲尋找眞正的自我踏上旅途。於是，我們利用海島理論讓過去的陰影，不再緊隨在側；藉著欣然接受自己的消極與懦弱，不再繼續批判自我，開始接受最原本的自己，並且能愛著這樣的自己。

近來市面上傾巢而出的安慰書籍，也是相同的脈絡。然而，閱讀這些書時會發現，幾乎都是用「沒關係、沒關係」這類的話語來安慰我們。書中說這樣也是自己、那樣也是自己，我們只要接受並愛著自己就好。

但問題是，只靠「沒關係」的安慰，並無法讓我們眞正沒有關係。嘴巴上說的「沒關係」，會讓我們不知不覺地再度陷入過去悲傷和退縮的情緒。從心理學的角度來看，這是因爲沒有給予自己足夠的時間與機會，去認識、容許並接納這種情緒，也因此會再度回到原點、動搖甚至退步。

情緒有問題，顯然就是非常強烈的警報。爲此，必須檢視造成警報響起的情況或是關閉警報器，但上述這種「沒關係」的作法只是掩耳盜鈴。一旦我們將手放開，情緒的警報仍會大聲作響。

爲此，無論面對怎樣的情緒，我們都必須隨時傾聽，承認自己內在有這些情緒存在，同時也不能將自己的情緒，與其他扭曲的虛假情緒，混爲一談。

什麼是虛假的情緒？就是緊跟著我們的體面、希望被他人當成好人的期待，只會時時刻刻扭曲我們的，就是虛假的情緒。**換言之，明明不想做卻勉強自己，並將自己真正想做的事拋在腦後的同時，就會創造出虛假的情緒**。所以我們必須盡可能以「海島理論」，創造能夠接受任何事物的心境，並透過「一致性」準確判讀自己的情緒。因此，比起相信理性或表面的情緒，我們更應該相信「身體直接的感受」，身體所說的情緒。

> 清醒者、覺醒者說了。除了身體之外，我一無所有。所謂靈魂，不過是為體

內的某種東西所取的名字罷了。

——《查拉圖斯特拉如是說》

身體是更巨大的理性

但是，在歐洲的悠久歷史中，不，即便在東方的歷史中、在我們成長過程被教導的衆多知識中，身體，或者說是肉體，不過是次於精神的二等存在。

他們始終輕視肉體；他們背棄了那東西。何止如此！他們甚至將肉體當成仇人一般對待。

——《權力意志》

也就是說，人們認爲是先有精神、靈魂，而身體不過只是承載的容器。爲此，與開朗且端正的精神相比，身體自由奔放且充斥欲望，是必須好好管理的負面存在。但眞是如此嗎？冷靜下來仔細觀察，會發現恰好相反。

我們實際經驗的所有事物，都是以身體爲依據。我們的快樂、痛苦，都是根據身體的感受；喜悅也好、悲傷也罷，都是透過身體的情緒與感受所感覺到的。若失去了身體，我們甚至無法想像我們的判斷、我們的價值。也就是說，精神充其量不過是掌握身體狀態的存在，並非給予建議的存在。

精神，那對身體來說是何種存在？不就是在身體所發起的戰鬥中，通知身體獲勝的傳令兵，是戰友，是迴響而已。

——《查拉圖斯特拉如是說》

尼采推翻了長久以來「以理性爲中心的世界」，建立起身體的哲學，跨越近代來到現代。如今比起「理性」，我們更重視「身體」或「非理性」，且幾乎很難再找到忽視這些的見解。當然，最特別的是那些市面上流通的自我啟發書籍，仍然有強調理性更勝身體的傾向。

我們不能小看這樣的身體，且必須信賴它。因爲光是做到信賴，就能讓我們更正確地認識自己，帶領我們走向眞正改變的世界。

聆聽身體的聲音

多數的人，一直以來都在腦海中與理性對話，忽視了身體這個更巨大的理性。只會成天聆聽、思考、判斷其他小小的理性，與它們爲伍；這些小小的理性，就是那些被扭曲成是他人的期待、社會的普遍觀念和體面。我們埋頭在流於表面的虛假對話之中，並以此決定了自己的生命。

現在，讓我們放下這些上帝之影，試著與眞正的自己，與身體這個更大的理性直接對話。

身體不會受到扭曲，非常直率且不會說謊。更重要的，是我們可以直接確認情緒所傳遞的衆多警示訊號，而身體也會帶領我們應對這些訊號，關掉這些吵雜的警訊。

方法如前所述，非常簡單，只需要認識並接受自己的情緒即可。一旦接受情緒的存在，大多數的警訊就會關閉。這時爲了更準確地掌握情緒，並確保一致性，可以爲情緒加上「名字」，以確認情緒是否正確。

爲自己的情緒命名

例如：用「啊！原來身體這樣的反應是在生氣啊！」、「啊！胸口這股空虛感原來是遺憾啊！」、「原來這就是恐懼啊！」的方式，爲自己的情緒與身體反應取名，身體就會有所回應。若名字正確，便會感覺情緒迅速消退或排解，這是由於情緒的警訊已經關閉；即使沒有排解情緒，我們也會不自覺地長嘆一口氣。當呼吸自然平緩下來後，便會感覺更加平靜，這些反應都是與身體進行正確對話的證據。當準確接收了身體的訊號或聽取了它的要求，身體把要說的話說完了，自然就會安靜下來。

當然，這個過程也可以搭配海島理論，因爲這樣一來我們就會明白，我們可以生氣、可以怨恨、可以害怕。**當我們能欣然接受這樣的情緒時，就不會在負面的情緒中失去自尊，也不需要去批評、壓抑人人都會有的情緒**。

反之，許多人在感受到這些情緒時，總會找許多理由爲自己辯解。如同前面的例子中感到嫉妒的A一樣，認爲被「樂活」這個虛僞的詞所迷惑的人，才有問題。認爲不是自己生氣，而是對方的錯；認爲不是自己心生怨懟，而是對方令人心情不佳；認爲不是自己害怕，而是對方讓自己憤怒。然而，一旦這樣扭曲情緒，我們就不會再信任扭曲的自己了。

試想，成天說一些令人無法信任的話，又該如何信任自己？身體已經知道這種行爲不只是批判對方，而是在批判自己，卻還是意圖埋怨對方來達到自我防衛，進而使關係更加惡化，甚至失去任何改善自身狀況的機會。

就只相信自己吧！相信你們與你們的心思！不信自己的人只會滿口謊言！

——《查拉圖斯特拉如是說》

情緒有許多層次

爲自己的情緒與身體反應取名後，我們不僅會比以前更輕易地察覺自己的情緒，也會意識到自己能更輕易地排解這些情緒。這是十分愉快的經驗，能讓內心更加安定，進而使我們更常使用這個技巧。不過，我們也會遇到取名之後卻沒有任何反應的情況，這時應該是情緒與名字並不一致，只需要換個名字就好。透過這種方式慢慢配對，便能更快地確認自己的情緒。

當然，世上也存在著無論如何都配對不起來的情緒。更準確地說，是有許多無以名狀的情緒。但也不要太擔心，因爲這反而是一道能讓你往內心更深處探索的隱藏之門。

會有難以取名的情緒，非常正常。畢竟人的情緒本來就先於語言，我們所感受

到的喜悅、悲傷，都是我們彼此為了對話而用語言所設定，不過是特定情緒的一個面向罷了。也就是說，那些能用語言說明的，都是眞實情緒的某一特定面向，並省略掉其他的部分而已，所以才會說身體是比理性更巨大的理性。事實上，用語言提及的情緒或表達，都只是「狹義」的理性與知識，身體與身體的反應才是更大的理性、更大的知識。

我們實際感受到的衆多情緒與情緒反應，其實是複雜糾纏的。即使是瞬間的情緒，也是由衆多情緒堆疊而成。不僅於此，許多情緒都是瞬間的，所以當前的情緒、剛結束的情緒與剛要產生的情緒，都會混雜在一起。那樣的模糊與複雜，自然是無法言喻。

幸好開啟這扇複雜情緒大門的方法很簡單，那就是「觀察身體的反應，並把自己的感受如實說出來即可」。

不要害怕哭泣，有時它是最好的宣洩

例如：如果覺得心中有種沸騰的感覺，那只要說「嗨！沸騰的心」就好；如果感覺到沉重、黑暗的恐懼，那只要說「嗨！沉重黑暗的恐懼」就可以了。這時候的「嗨」是開心迎接情緒的回應，如果能實際說出來，效果會更好。

如果你取的名字剛好與感覺相符，身體便會產生反應，這時的反應也通常會令人印象深刻。

像是突然長嘆一口氣，或是全身感受到戰慄的電流，也可能是平靜的感覺包圍了自己，甚至可能流淚、放聲大哭。通常很多人都會伴隨著哭泣，那是因爲一直以來人們都遠離自我，受到人爲的期待與傳統觀念所壓抑，不斷鞭策、批判自己的緣故。但與身體對話之後，認識到自己眞正的情緒與需求，看見自己有多麼扭曲、多麼痛苦。在那一瞬間，會想起曾經痛苦的自己、曾經視而不見、曾經批評的自己，並出現在不知不覺間流下眼淚、放聲大哭的身體反應。

事實上，有些人會因爲那些壓抑自我，沒能發洩的憤怒與衆多情緒，導致身體各個部位疼痛、飽受折磨。與此相對，當這些人正視了自己的情緒、排解受壓抑的情緒之後，身體的疼痛或症狀就會像不曾存在過般，消失無蹤*，而這也是身體改變的具體範例。

我們在與身體對話的過程中，會經歷許多驚奇的體驗。尤其對內在情緒與身體感受反應十分敏感的人，更容易體驗到這些反應。而情緒嚴重扭曲、委婉否定自我、批評自我生命的人，意外地也是非常容易體驗到這種反應的一群人。因爲這樣的情況，多半是來自於強烈扭曲的身體反應。

* 事實上，在羅哲斯的人本諮商案例中，確實有許多人長期莫名的身體疼痛因而消失。如果有些人是只要為情緒取名，就會立刻獲得反饋的話，那就表示也有需要獲得特別「協助」才能獲得反饋的人。協助指的是需要平靜的氛圍或如海島理論般的支持等。幸好大多數的人在看待憤怒等強烈情緒時，都能輕鬆獲得特殊的體驗。此外，如果能正視自我，就能親身體驗更多的身體反應。羅哲斯總是會將自己的諮商一一錄音、記錄下來，為心理諮商研究建立科學基礎，也藉著公開所有過程，揭開了心理治療的神祕面紗。這樣的功績，也為他贏得第一屆卓越科學獎（DSCA 獎：Distinguished Scientific Contribution Awards）的殊榮。

透過身體的反應認識眞實的自我

再次重申，尼采認爲，身體才是深淵中的深淵。而在《查拉圖斯特拉如是說》中出現過許多次「深淵」這個詞，指得也是身體的深淵。身體，就是這麼有深度且模糊，遠比我們所認知的語言和理性更巨大，且紮根於更深的深層心理，因此難以靠近，但也是越了解就越覺得新奇。

因爲那樣的模糊，我們的四周圍繞著許多扭曲與壓抑，無數的情緒層層糾纏；那些情緒先於語言，伴隨著無以名狀的事物。那樣複雜的情緒會以模糊的感受、以身體的感覺出現。

也因此，爲情緒取名時，絕不能使用抽象的字詞。身體已經產生模糊的情緒了，我們卻還爲它取了一個類似「憤怒！」的抽象名字，或僅是以「生氣！」這種單純的情緒名詞代稱，並無法使兩者相符。**這是因為用語言切斷的部分情緒，與實際發生的情緒並不一致。當我們所認知到的事物與情緒不一致時，身體自然不會有所回應。我們應該要保留那份模糊，並且為其取一個十分具體的名字。**就像前面說過的「沸騰的心」、「沉重黑暗的恐懼」等。卽使實際取名仍沒有任何反應，那麼通常都是因爲太過抽象或是名字過於簡單的關係。

模糊的情緒，會以十分細微的差異偏離你所取的名字，這時應該更仔細觀察，再爲它取一個更符合、更貼切的名字。例如：本以爲是沸騰的心，但其實可能是熊熊燃燒且緊繃的攻擊欲望。這樣一來就必須配合這種感受，再次將其取名爲「熊熊燃燒且緊繃的攻擊欲望」，並觀察看看身體有沒有反應。

此外，有時身體不會從某個部分產生鮮明的感受，反而是清楚地想起特定的景象，就像對情緒的隱喻一樣。如果能具體且生動地將那景象表達出來，也能達到認清情緒的效果。

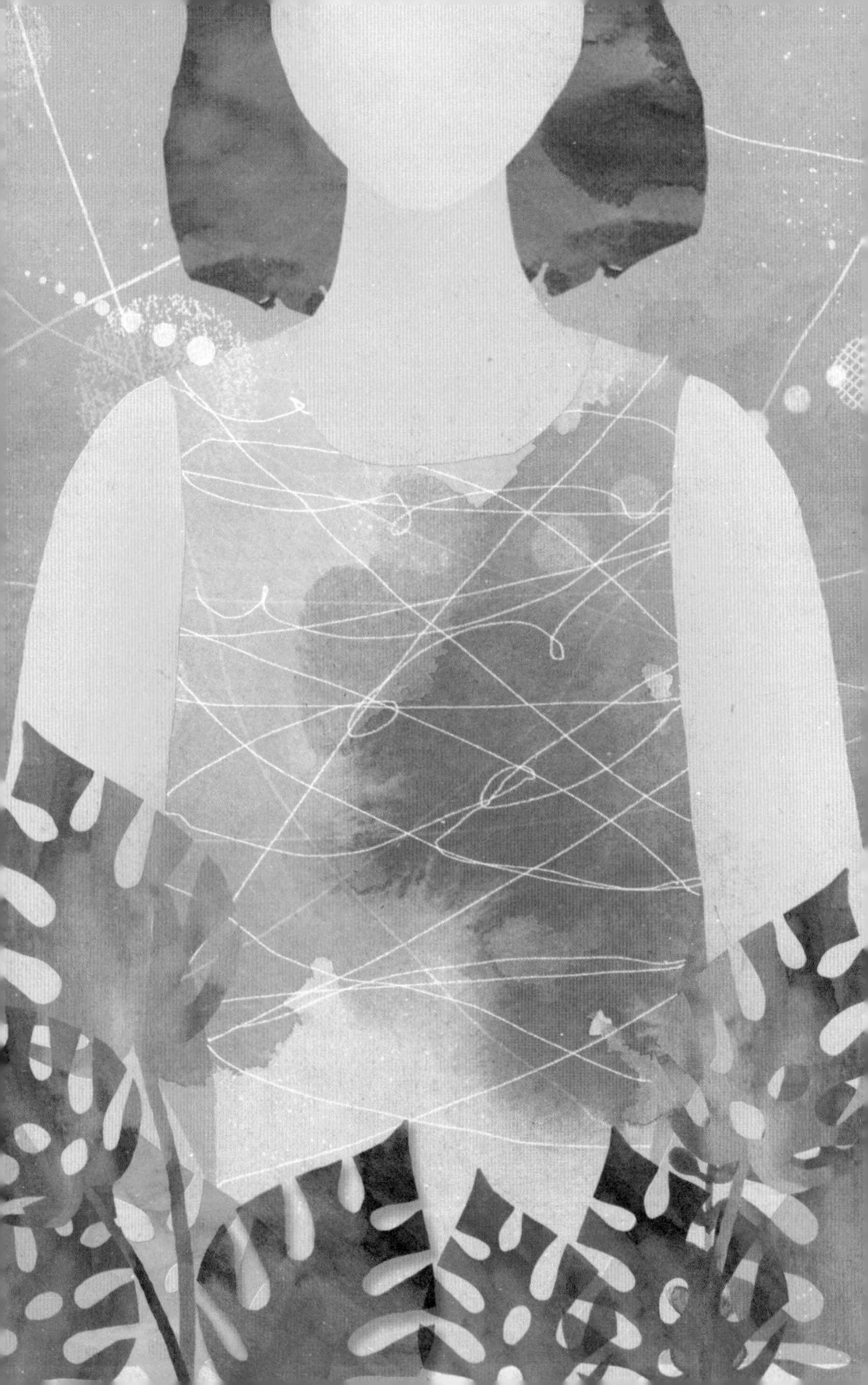

一個情緒形容詞，其實涵蓋多種感受

無論如何，最重要的是必須謹記，情緒不是只有一種，尤其模糊的情緒更是如此。那些模糊的事物，其實是衆多情緒堆疊而成，其中甚至可能混入了扭曲、壓抑其他情緒的恐懼等。

舉例來說，現在有個失戀的人，他因爲失去摯愛而感到心如刀割的悲傷，但靜靜觀察那份情緒，會發現其中有「是不是該再努力挽回試試看？」的「遺憾」，也有卽便只有一次機會，仍希望能再擁抱對方的「渴望」，更有再也無法與愛人在一起的「恐懼」，更可能參雜了曾經視爲此生摯愛的對象消失，所帶來的「空虛」，以及因兩人關係破裂而起的閒言閒語所導致的「羞愧」等情緒。我們可以說，這世上沒有一種只能稱爲「悲傷」的離別情緒。

試著回想生氣的瞬間，也會發現類似的情況。首先，我們會感覺對方與自己站在對立面，但那一刻也能感受到對當下狀況的「恐懼」、對對方的「愛」。相反地，那些靜靜聽從對方指示的人，也可能會同時感受到必須「服從」的心態，與討厭這種虛耗的「不滿」。

實際上，就連吃東西也蘊藏了多種情緒。例如：現在有個喜歡吃辣的人，由於他平時就吃得很辣，所以經常感覺肚子不舒服，胃部的健康狀況令人擔憂。如果我們把雖然很辣，但卻看起來很美味的食物，端到這個人面前會怎麼樣呢？他或許會開心地享用，然後感到非常滿足。他會想：「啊，辣到讓人說不出話來，居然有這麼美味的東西……。」不過另一方面，他內心也會有另一個聲音說：「哎呀，肚子好難過，這樣下去會不會把我的胃搞壞？」萌生對健康的擔憂與不安。情緒就像這樣，不只會有一種。

由於我們生活在用語言裁決一切的社會中，因此會單純且習慣性地認為情緒就只有一種。這或許是因為我們不假思索地、在半推半就的情況下認定「事情本來就是這樣」所致。畢竟，依照我們所學，離別就只是心如刀割的「疼痛」，生氣就是「憤怒」的爆發。也因為我們一直將感受或情緒視為單一的存在，所以經常無法更專注傾聽最根本的情緒。

抽絲剝繭情緒，就是接納情緒的方法

然而，情緒有趣的地方，就是如果能爲自己模糊的情緒與感受取名，一層又一層的情緒就會漸漸顯露。只要一個名字取對了，身體就會產生對該情緒的反應，模糊的情緒感受就會改變；接著再爲改變後的情緒感受取名，就會再產生另外的反應，使情緒感受再一次改變。如同前面的例子，失戀的人在意識到「喪失感」之後做出情緒反應，接著轉化成「惋惜」，那份惋惜再轉化成「渴望」與「害怕」，緊接著是「羞愧」，我們能陸續發現情緒的接連排解與改變。

此刻我面對最高聳的山，面對最漫長的漂泊，所以我必須下到比先前更深的地方。

——《查拉圖斯特拉如是說》

我們可以藉由爲身體反應取名，慢慢逐一讀出自己隱藏的情緒，並繼續往我們極度渴望理解的深層心理靠近，進而認識到自己深深埋藏的眞實面貌，並與其展開對話。

許多人會爲了瞭解自己的深層心理，去學習夢的解析或精神分析。不過對這些理論的解釋會因爲流派不同，而大相逕庭；此外，同時也需要大量的專業知識支撐，且沒有明確的答案。相較之下這種觀察身體的技巧，則是人人都能輕易嘗試的方法。

運用這種簡單的方式，能觀察到自己身上隱藏的情緒，這是一種令人驚訝的體驗。最重要的是，我們能在生活中透過親自體驗身體的反應變化，證明對情緒解釋是否妥當。當我們面對自己的情緒與身體的感受，並找到合適的名字時，就能經常接收到「對的」感受，也能感覺到心中那種負面情緒逐漸改變的喜悅。如此，面對特定對象與情況時，就能以與過去截然不同的感覺去接受它。比起單純用話語改變自我，這種方式更能讓我們透過實際改變，感受這個世界。

過去糾結的情緒、此刻折磨自己的情緒都將重新建構，進而讓我們感到更安定，就像已經獲得治癒一樣。

「觀察身體」與「不觀察身體」的差異

觀察並接受個人情緒、身體反應的方式，與單純壓抑、發洩情緒的方式，有著很大的差異。觀察身體可以更了解情緒與自我，也能排解、接納更多的情緒。這不僅能使我們更加安定，在實際生活中也非常有幫助。讓我們來看看最常見的例子，生氣以及應對怒火的過程。

生氣時，會怒火噴發並埋怨對方，這時一般人會舉出幾個理性的原因批判對方。但在生完氣之後，又會覺得生氣的自己太過分或很不得體，這是因爲過去我們學到的是只有沒教養、很乖戾的人才會生氣。也因此，此刻會覺得生氣的自己很丟臉、很討厭，接著再一次覺得讓自己生氣的人非常可惡，並開始埋怨對方。

有發現嗎？這時怒火並沒有排解，而是被增幅了。獲得增幅的怒火再度積累在心中，我們會在這時看見自己又生氣的樣子，也能看見自己落魄的樣子。於是，反覆的否定自己、埋怨對方直到怒火平息。當時間一久怒火消退後，又會感到丟臉，並決定再也不發火。我們會記住自己發火的丟臉時刻，並且壓抑那些經過一番增幅後剩下的憤怒殘渣。但這也會使得一個人的自尊更低、生氣的情緒受到壓抑並扭曲。過了一段時間後再度遭遇生氣的時刻，情緒就會因爲比以往更低的自尊，以及扭曲且壓抑的怒火更容易爆發，且這次的爆發會有如熊熊烈火，比前次更加嚴重。

這是一般人藉著壓抑情緒、發洩情緒來處理怒火的方式。**實際上，經常生氣的人，自尊通常都偏低，這是因為他們主要以這種模式生活的緣故**。當然，不生氣只是一直忍耐更不好。一旦生氣的情緒長久累積在心裡，會使自己更加扭曲，總有一天會以憤怒的形式爆發，或是轉變成身體的疼痛、抑鬱症等其他問題。

與此相對，懂得觀察自我情緒與身體的人，會經歷不同的過程，並產生不同的結果。

會生氣，但不會越想越生氣的作法

生氣時怒火噴發，但若能在這時搭配海島理論，就會意識到每個人都會生氣。你能理解，生氣是基於想法不同所產生的結果，所以會生氣是很正常的。這些人會觀察自己生氣時的情緒與身體的感受，並且爲其取名。當名字、情緒與感受一致時，怒火就會消退。

接著怒火漸漸轉變成對現實的害怕、對對方的怨恨。人們會看見爲了面子而優柔寡斷的自己；生氣時，也會看見依然還愛著對方的自己。無論是恐懼還是怨恨，對面子的顧慮或是那顆愛對方的心，都是一種警訊，而這些人能一一察覺並且將其關閉，使心靈再度恢復平靜。

在這個過程中，這些人開始能清楚看見，自己過去與現在是以怎樣的情緒面對現實。他們開始能以冷靜的心，在現實中一一說出自己的想法，進而理解並施以適當的處置。每個人都可能會生氣，只要藉著釋放幾個隱藏的情緒團塊，就能增加對自己的理解與信任。而基於這樣的理解與信任，人們能夠擁有更冷靜、明智且更開誠布公的對話，進而實際解決問題。

與憤怒有關的情緒獲得一定程度的排解之後，下次即使再發生類似的情形，生氣的機率也會降低。當然，有令人生氣的事還是要生氣，因爲最重要的是讓情緒與行爲一致。不過充分理解自己的憤怒情緒，可以讓我們更清楚什麼事情該生氣、什麼事情不需要生氣。因爲重視一致性，且平時就持續排解情緒，所以情緒不會暴走，而是會讓我們在對的時刻生該生的氣。此外，一旦生氣的頻率少了，便能逐漸累積對自己的信賴，即使生氣也不會降低自尊。這正是關注自我情緒與身體反應的人，與不這麼做的人之間最大的差異。

事實上，許多人就是靠著觀察情緒與身體反應的行爲，使長期對立的關係，有了大幅度的改善。觀察自己憤怒的身體反應時，身體反應就會改變，情緒也會立即被馴服，進而使我們理解接納自己的情緒。**情緒獲得接納之後，也可能讓你突然開始清楚感受到他人的情緒，而對他人情緒的明顯感受，能成為理解對方真實面的契機，進而使你願意向和你一樣受傷、受苦的對象，敞開關閉已久的心門。**

然而，觀察自己的情緒與身體反應，也有行不通的時候。舉例來說，你正與

A通電話，A氣呼呼地說不想再講下去了，而你感到非常不愉快，於是開始觀察自己的情緒與身體反應，而身體給了你深深的嘆息。你認為這代表情緒已經獲得排解，但過了一段時間之後，仍會一直想起A且被那不快的情緒所困。

這種情況的確經常發生，原因在於你沒有看清楚與A相關的其他情緒。這時，如果能重新檢視情緒，就會發現有許多不同的情緒顯露。例如：A總是在通電話時自說自話，說完就結束對話，或是想起對方動輒就不高興掛電話時的感受。結論是，你的身體已經不想再與A延續任何關係了，但你卻沒有正視這樣的情緒，所以才會一直感到很不愉快。

讓身體的反應幫助我們做決定

或許你平時就認為交友多多益善，或認為維繫好人際關係只有好處沒有壞處；再不然就是害怕切斷關係，這樣的心情會使你不斷忽視「不想再與A往來」的想法。但現在你看清並了解自己的情緒，也認知到不需要害怕斬斷與他人之間的關係，進而能下定決心整理與A的關係。

如上所述，觀察情緒與身體反應不僅能排解情緒，也能掌握自己的眞實想法，此外，在需要做決定時也非常有用，尤其是做重要選擇的時刻。

通常我們在做重要的選擇時，都會列舉做出各個選擇的優缺點，將優缺點一一寫下，進行比較，最後做出決定。不過意外的是，這個行爲並沒有太大的效用。因爲早在列表之前，你就已經思考過各個選項的優缺點了。這時如果能觀察身體對清單上列出來的每個優缺點，或是自己面對具體選擇時所產生的情緒，就會非常有幫助。你可以觀察當自己做出這個選擇時，情緒與身體如何反應，產生了怎樣的喜悅或怎樣的恐懼；接著再觀察做其他選擇時，身體會如何反應，兩相比較之後，你會發現做決定意外容易；至少，你能做出不會感到後悔的決定。

由此可見，我們不僅能藉著觀察身體的反應，排解情緒、維持高自尊，更能幫助自己在生活中做出符合「眞心」的選擇。查拉圖斯特拉也曾說過，在做重要決定的時刻，應該問問自己的心。

查拉圖斯特拉一言不發。他的雙眼有如看著遠方一般，凝視著自己的內在。

——《查拉圖斯特拉如是說》

由此可見，與自己的身體對話除了能幫助我們了解自己，更能改善生活，用途非常多元。而其中最大的優點就是能擺脫每一剎那都糾纏著我們，絲毫不肯離開的陰影。

當我們清楚看見自己的情緒、當我們可以確認自己的需求爲何時，就能明確區分出來自社會與周遭的期待，或傳統觀念與個人需求之間的差別。當我們每一刻都專注傾聽自己的情緒與身體需求，就不會再逼迫自己去回應或滿足社會和他人的期待了。這麼一來，就能時時刻刻不受陰影的影響，獲得眞正的自由。

第七章

忠於自我，就能找到情緒的出口

當家中失火時，人們不會去想到午餐之類的事。不過人們會立即在那成灰的廢墟之上，繼續解決用餐問題。

——《善惡的彼岸》

什麼是權力意志？

我們藉著直接與自己的身體對話，一一梳理過去糾結的情緒、長久累積的憤怒或恐懼等情緒。當情緒的團塊一一崩解，更爲和緩的情緒就會顯露；同時情緒跟著改變，隨之而來的身體反應也有所不同。尼采曾說：「人類是被遮蔽隱藏的黑暗存在」。我們是被上帝之影遮蔽、被衆多情緒層層覆蓋的存在，我們稱之爲語言的認知是立於這之上的存在，所以才會高呼著必須進入深淵「凝視自我」。

如今我們踏入深淵。

進入深淵之後，隨著壓抑、扭曲的情緒一一舒展，我們最原始的情緒、最眞實的反應就會逐漸顯露。展現自己最眞實的反應，是我們天生的原初生命力，「喚醒」能使自我綻放的意志。那是確認自我的力量、渴望擴大自我的意志，也就是尼采的「權力意志」甦醒的瞬間。

尼采說，「權力意志」是所有生命體最根本的需求。

每個個體都有「想感受自己有力量，並想擴大這份力量」的「權力意志」。所有生命體都因這個需求而存活，延續著生命。換個方式來解釋權力意志，那就是「自尊」，同時也可以說是「自愛」。唯有渴望展現並強化自身力量的需求，才能展現不使個人屈服的自尊與自愛，而這正是支持我們的力量本身。

我們最強烈的衝動，我們內在的暴君不只使我們的理性屈服，更使我們的良心屈服。

——《善惡的彼岸》

這是尼采哲學核心中的核心，也是一切關於「存在」的解釋之中心依據。

快感，來自力量的情緒所在之處；
幸福，存在力量與勝利所支配的意識之中。
進步是一種強化，是強大意志的可能性。此外的一切均是誤會，也是危險。

——《權力意志》

我們天生的權力意志讓我們想獲得勝利、想要支配，想要確認自己的力量。

我告訴你們，反對虛弱去做的一切，否定所有使我們生命枯竭的一切。
我告訴你們，贊同強力去做的一切，肯定能確認力量情緒的一切。

——《權力意志》

不過，我們賤視、批判這些力量的情緒。我們指責貪欲、迴避攻擊性，忽視我們天生的需求與權力意志，意圖壓抑並看他人的臉色而活。爲了面子、爲了名爲良心的名份，爲了各式各樣的衆多習慣與傳統觀念。

即便我們能如此忽視權力意志、忽視擴大自我的需求，這些需求也絕不會消失。**無視、忽略天生的權力意志與需求，並不會使其消失，只會使其變得異常。所以我們的權力意志，也已經遭到扭曲變形：**

> 幸福帶來的第一個效果是力量的情緒。無論是對自己或對他人、對表象或對想像的存在，力量的情緒總是渴望表現自我。表現自我最常見的方式便是送禮物、嘲諷、破壞。這三者全都是源自同一個根本的衝動。
>
> ——《朝霞》

它會變形成嫉妒與猜忌，更進一步扭曲成否定自我、否定自己的生命。

幸好尼采在漫長的痛苦中獲得認知的斷絕，藉著身體的改變得以用不同觀點看待、感受所有事物。他就是這樣藉著身體的改變，得以重新找回「權力意志」這天生的生命力。也因爲這是天生的生命力，也才使他獲得對生命不變的樂觀。

重生的權力意志

你是否在初春時分，看過自石頭縫隙中冒出頭來的嫩綠新芽？脆弱的新芽擠進難以紮根的石頭縫隙中，努力向上生長。所有生命都是這樣克服逆境，努力讓自己綻放開花。尼采認爲這就是擴張、實現自我的「權力意志」。

生命告訴我一個祕密。他說：「看啊，我總是必須戰勝自己」。

——《查拉圖斯特拉如是說》

尼采的權力意志，是在痛苦的身體變化中獲得。有趣的是，羅哲斯接觸的衆多諮商個案，同樣也透過類似尼采的驚奇體驗，幫助自己獲得權力意志。他們透過與羅哲斯之間的眞誠對話，看見自己的情緒與身體反應，並體驗到多元的身體變化，有時甚至是十分激烈的反應。自此之後，他們便燃起了與過往截然不同的生命意志。

過去，用扭曲視線看待世界的人、逃避的人、批判自己的人，突然開始對自己抱持希望，更下定決心要讓自己的生命有所成長。其實，他們身處的環境沒有改變，改變的是他們不再批評環境、不再責備自己，試著向前跨出一步，努力成爲更好的人。他們對自己突如其來的變化多少有些害怕，但同時又對自己逐漸成長的新生命充滿期待，湧現認爲自己能夠改變、能做到的意志。他們每天都充滿生機、每個時刻都全力以赴，更努力克服自我。羅哲斯描述這些人是「找回了實現傾向」。羅哲斯的實現傾向，與尼采的權力意志並沒有太大的區別。

必須用真實，使這片大地成為治癒的場所！這片大地四周不是充滿著新的香氣、瀰漫著具有效能的香氣嗎？甚至還充滿了全新的希望！

——《查拉圖斯特拉如是說》

若每個人都能看見真正的自我，那麼，「實現傾向」就能像「權力意志」那般蠢蠢欲動的重新復甦。我們是活著的生命體，所以若坐困扭曲的陰影之中，我們將會想要確認自己擁有的無限生命力，會充滿意圖追求美好自我的活力。

什麼才是好？是喚醒人類力量的情緒、對力量的意志！就是力量。什麼是壞？就是來自於弱的一切！幸福是什麼？是力量更大，阻力遭到克服的感覺！

——《反基督》

那是治癒，而這樣的身體正是治癒發生的場所。

身體以我們的想法與情緒爲依據，同時也是能治癒自我的場所。聆聽身體的聲音、觀察身體的反應，就是最有效的治癒，也是最能正確接觸到自己的方法。

尼采的命運之愛

即使我自己不存在，我也絕對不覺得遺憾。我們不都是可以沒有的存在嗎？

——《歡悅的智慧》

許多人長期以來都在扭曲、否定自我。就連自豪地說很愛自己、希望能幫助自己持續成長的人，都容易因爲一點小小的逆境而動搖、否定並扭曲自我。其中，甚至有不少人會貶低、放棄自我，意圖破壞自己的人生。不過若開始看見自己的情緒、與身體有更動態的對話，重新找回自己的實現傾向之後，人生就會更加開朗、更有活力。事實上，曾經否定自我、因扭曲的心而承受痛苦的心理諮商個案，都是這樣找回自己的實現傾向。

現在，他們已經徹底接受自己，也安慰自己過去這段時間眞的過得非常辛苦，他們會告訴自己「成爲原來的自己也可以」。這並不只是單純「理解」的發言，而是眞正接受用心感受到的自己，且心中充滿與生俱來的、活力十足的樂觀。羅哲斯如此描述這種樣貌：「我感到很驚訝，雖然感覺疲憊、遠離了某些支持，但卻又感覺獲得內在情緒的祝福、感受到強大的力量。」

欣然接受命運，綻放成更美麗的花朶

這些人將更進一步地，全心全意愛著自己的命運。他們會接受自己的缺點、不利的現實，並欣然接受自己仍有存在的價値，並且爲了讓自己盛開綻放而再度振作，甚至能心甘情願愛著過去看起來無力且微不足道的命運。這種對自我生命的愛，就是尼采所說的「命運之愛」、「Amor Fati」。尼采的命運之愛，絕對不是死心的意思，也不是接受痛苦的生命就只有痛苦，並爲此感到挫折，更不是要擁抱並愛著痛苦的生命。而是**要人們欣然接受命運，綻放成更美麗的花朵；是**

要人們樂觀地認為其中的痛苦與危險，都是能為生命帶來幫助的手段，是一種鞭策。

即便面對悲觀的命運，這些人也擁有能看見其中之美的堅強樂觀，並藉由這段命運，展示自己是能與命運相抗衡的偉大英雄，使生命更加驕傲。就像尼采所說的，即使生命無數次從頭來過，也能欣然地繼續過下去，這才是愛著自己的命運。所以這些人在面對以下的問題時也不會猶豫，會欣然地回答「是」：

「你是否希望你的生命再一次，甚至是無數次的從頭來過？」

——《歡悅的智慧》

你必須回答這個問題：「究竟你的內心深處，是否肯定現在這段人生？你是否真的滿足？你究竟渴望什麼？」（如果你的回答是真正的肯定，那麼你將能從這殘酷的生命中解放。）

——《不合時宜的考察》

忠於自我需求的立法者

現在，我們能隨時看見自己的情緒與身體的反應，也能明確掌握自己的需求，已經可以清楚區分哪些是來自社會與周遭的期待與觀念，與自己的需求又有何不同。當我們能區分真正的需求與被強迫的「假需求」之後，從此就能不再回應他人或社會的期待了。因爲人們都只想爲了自己，活出屬於自己的人生，不願過著辛苦又僞善的日子。

沒錯，從此我們將不再被纏人的影子所迷惑，也不再渴望那些影子。這正是尼采要求的，眞正擺脫影子、眞正的自由。這是與身體對話最大的優點，同時也是超人的徵兆。

透過這種方式獲得的自由，與狂人所被賦予的自由不同；與上帝從世上消失的混沌、極端的虛無主義，是截然不同層次的自由；也與末人生活隨便，毫無理智的自由不同。現在我們開始慢慢信賴自己的情緒、相信自己的身體。我們會盡量跟隨情緒與身體的反應，這樣一來便能透過全身，感受到眞正的安定與更踏實的存在感。

慢慢尋回的權力意志與實現傾向，以及想要進步的需求，會堅定地支持著我們眞正的情緒與反應。我的新標準是不會退縮、不會安於現狀的標準，是會使我綻放、使我成長的標準。最後，我們會開始創造自己心中最值得信賴的標準，並且追隨這樣的標準，追求穩定與成長。

自我的情緒和需求是唯一標準

現在我了解何謂自由精神，了解到自己一直以來多麼服從「你必須要做」這句話，也了解到現在自己能做什麼、可以做些什麼。

——《人性的，太人性的》

領略萬物道理者，會將一切衝動視作神聖。
如此熱情之人的靈魂，將品嚐到喜悅。

——《查拉圖斯特拉如是說》

在標準與法規消失的原野之上，我會用我的情緒與需求建立新的標準與法規。沒錯，這就是爲什麼超人是眞正的立法者。現在我們以自己身體的標準建立人生法規，再也不用追隨他人的期待與標準。只依靠自己的需求、自己的標準度過每一天。

你們必須先命令自己，去做自己滿意的每一件事。

——《查拉圖斯特拉如是說》

絕對無法抹除、無法否認，來自根本的力量就是權力意志，就是原始的需求。**忠於原始的需求，不斷朝著自我成長邁進者，就是立法者。**

勇敢成爲利己主義者

毫無顧忌地以行動實現個人需求者、僅依靠個人標準生活者就是立法者。因此，立法者自然會是「利己主義者」。

利己主義屬於高尚的靈魂本質。……高尚的靈魂會毫無疑問地、不嚴厲或強制要求、不參雜一絲人為的情緒，反而會將其當成事物的基本法則，接受自己是個利己主義者。若要為其取名，那麼那靈魂會說「那就是正義」。

——《善惡的彼岸》

爲了自己、想遵從自己的標準、想要擴張自己，是自原初以來原始的根本需求。無論在任何時刻都無法否定那股力量，即便是否定自我的人也做不到這點。

輕視自己的人，也總是尊重輕視著自己的自己。

——《善惡的彼岸》

所以立法者的愛是無論對象是什麼，都能歸結到對自己的愛。

不過我們一直以來都將忠於個人原始欲望的人稱爲利己主義者，不停地批判、疏遠這群人。我們無法大方地爲自己著想、愛自己，必須時刻注意他人的臉色。所以查拉圖斯特拉才會下山來，只爲了親自告訴我們愛自己有多重要，以及該怎麼做到這一點。

廉價的同情，比自私的自愛還不如

這是我的教導。人們必須學會健全且健康地愛自己的方法！因為世上不應存

在壓抑、忍耐自我，徒勞徬徨這種事。徬徨是對自己施以洗禮，被稱為「敦親睦鄰」。但一直以來恣意橫行的醜陋欺瞞與偽善，同樣也隱身在敦親睦鄰的名目之下。

——《查拉圖斯特拉如是說》

對尼采來說，同情心會妨礙自愛、是一種偽善。

你們對鄰居的愛，只是你們無法給自己的愛而已。你們逃離自己身邊，逃到鄰居身邊，還將這樣的行為當成一種德行。

——《查拉圖斯特拉如是說》

那一切都是軟弱、是被陰影苦苦糾纏著的模樣。所以尼采才會要求我們需要的不是廉價的同情，而是自私的自愛。

善用「情緒對話」傾聽對方

我所說的利己主義，就像「我們存在」一樣理所當然。我說的是其他存在必須從屬於自然、必須犧牲的堅定信念。

——《善惡的彼岸》

爲了自己犧牲一切，叫自愛？必須成爲忠於自我需求的利己主義者？聽起來十分驚恐，所以一定會有人猶豫地問：「如果這麼自私，要如何與他人相處？又要如何一起生活？那不就代表著可怕的競爭嗎？」

在這裡，需要知道的是，立法者也是傾訴情緒、聆聽情緒者。他們不會跟一般人一樣，以理性邏輯掛帥，他們會非常清楚且準確地表達自己的情緒。他們不認爲所有人都是理性且有邏輯的，而是透過自己的情緒清楚了解，所有人都是情緒性的存在，必須忠於情緒，所以他們才會傾訴、聆聽情緒。

仔細想想，當理性在訴說對錯，對就是善，錯就是惡，所以相互對話時總有一方是善，一方是惡。於是一方生存，另一方就必須死去，即便想避免殘酷的競爭也無可避免。不過情緒不同，**情緒只看好惡，是個人的喜好。我可以喜歡，也可以討厭，對方自然也能這麼做。這不是對錯的問題，也不是彼此必須整合、必須在邏輯上達到一致**。因此不需要爭吵，只要尊重相互的情緒就好，只需要實踐「你是你！我是我！」的海島理論就好。

在此需要特別注意的是排除邏輯。我們在表達情緒時，偶爾會有想以邏輯立論的傾向。類似「你這麼做所以錯了」、「我這麼做所以對了，這是理所當然的」的對話引發爭吵。要記住，我們要使用並表達情緒，例如：「我喜歡這個」、「我很難過」等情緒表達，才不會引發爭吵，只會讓對方以「原來如此」回應，即使想吵也吵不起來。

排除邏輯理性，才能有效溝通

也就是說，「聆聽」對方的情緒最重要。無論對方以怎樣的邏輯回應，最後都是希望有人能夠理解自己的情緒。爲此，我們需要做的不是與對方的邏輯相抗衡、相互爭吵，而是觀察、聆聽對方的情緒，並知道有那樣的情緒存在，就像我們對自己的身體做的一樣。我們以「原來你很難過啊？」、「你應該很傷心吧」、「你應該很開心吧」的方式回應對方，對方的情緒也會獲得一定程度的排解，就會更積極地聽我們說話。

舉例來說，現在有個哭鬧不休的孩子，媽媽只要說一句「原來你很難過啊！」孩子很快就會像不曾哭鬧一樣撲向媽媽懷裡。如果媽媽一直問他「爲什麼要哭」的話，孩子反而會哭得更大聲。

除此之外，傾聽情緒者也較不容易受他人的攻擊影響，因爲比起批判自己的理論或說話的內容，傾聽情緒者會更專注於對方的情緒，能較爲沉著冷靜地應對。這一點就是觀察自我情緒與身體反應者，也就是立法者的對話方式，也是建

若想讀心，就不能只用耳朵傾聽，
不能只聆聽語言承載的聲音。
還必須聽聽對方的狀況如何、
對方的情緒如何運作與流動、
對方的想法勾勒出什麼樣的線條，
以及那線條是否平滑順暢。
總是傾聽他人的自我，
才是真正的閱讀。

——《瞧，這個人》

立關係的方式。**立法者沒有被討厭的理由，所以也不需擁有被討厭的勇氣。他們只要率直地說出自己的情緒，再傾聽對方的情緒就好。他們只是忠於自己的需求，同時選擇與他人和諧相處以取代爭吵。**

幫助你自己！那麼所有人都會幫助你。

——《偶像的黃昏》

這個原理就是現在十分流行的「情緒對話」原理*，知道這項原理的人便能隨時隨地實踐，而立法者正是這樣的人。

---

*羅哲斯藉著傾聽並訴說情緒，讓諮商個案放開心胸、獲得治癒。他的學生托馬斯・戈登（Thomas Gordon，一九一八～二〇〇二年）將羅哲斯的對話法取名為「我－訊息」與「積極傾聽」，並廣泛運用於生活中；他的對話法成為情緒對話的典範。羅哲斯與戈登曾因開發出令人驚豔的對話技巧並努力將其推廣出去，而獲得諾貝爾和平獎的提名。

承認彼此的差異，才是眞正的親密

越是熟悉的人，我們就越認爲他們與自己一樣。尤其是家人、情人、好友，更認爲不需要說明，他們就能充分理解自己。但如同海島理論所說的，我們彼此太過不同，從長相到成長環境，甚至是當下的立場都截然不同。

即便如此，我們還是會因爲某些人彼此關係很好、長時間相處，而將他們歸類爲同一種人。所以總是認爲你與我是同一塊大陸，強迫他人與自己一起成爲大陸，同時相信這稱爲「親密感」，相信這是一種親近的表現。

人類可以透過意識讓自我伸展到遠方，也可以對自己十分客觀。不過即便如此，還是只能記錄自己的故事而已。

——《人性的，太人性的》

不過人們不該因爲親近、相似而變得親密，而是應該正視彼此每一刻的不同，並認同、尊重，這樣才能眞正變得親密。

「你往東邊去吧，我會往西邊去。」從中能感覺到的，是親密關係的人性所展現的最明顯特徵。若沒有這樣的情緒，那麼所有的友情與友愛便隨時都會變成偽善。

——《人性的，太人性的》

承認彼此的差異就是承認彼此是不同的存在，對話也一樣。你和我的想法沒有太大差異，正是因爲這樣的混淆而使我們無法正確聆聽對方說的話。當我們認清我們彼此不同時，就不會再去猜測。當不把雙方的想法綁在一起時，才能原原本本地聽見對方所說的話。那正是聆聽者的姿態，只是這樣的人非常少見。

不要嘗試判斷他人。拒絕揣測對方，是不凡的人性表現。——《朝霞》

不否定他人，就是最有人性的行爲

人們對話是爲了傳達心情或立場，是爲了一起工作或生活，或是希望對方贊同意見、一起執行。在這過程中若能彼此幫助固然是好事，但同時也經常會看見對方的缺點或令自己不滿意的地方。

我們會批評並希望對方改善，並且對此提出各式各樣的理論與依據。不過自己的意圖與理論並不一定會被對方接受，有時候甚至會遭到反駁，這時我們該如何因應呢？

通常我們會爲了提出更強烈的理論、更強烈的依據，而全力從記憶及所有已知的詞彙中搜尋。因爲我們會專注在突顯對方有多麼偏離對話的方向、對方的想法錯得有多離譜、對方的理論有多麼不正確。雖然我們期待對方理解自己、得出值得分享的結論，但最後卻時常不知不覺間陷入將對方當成敵人，彼此攻擊的窘境。於是，自此不再是心與心交流的對話，而成了用匕首捅彼此胸口的戰鬥，而這樣的對話通常也不可能解決問題或得到和解。因此，在事情變成這樣之前，我們需要記住尼采說的話：

你認為什麼樣的人是惡？總是想侮辱他人的人。

——《歡悅的智慧》

沒錯，當我們開始全面揭露對方的缺點、批判對方的理論之後，狀況就已經演變成戰爭了。

對方批評我的瞬間，他就已經是敵人，不需要再聽他說的話了。由此驗證，人類對於他人針對自己的評價有多麼敏感，人類每一瞬間都會爲了守護自己的自尊而繃緊神經。而尼采清楚地表明了這一點：

「我是世界中心」的感覺，會在我們突然感到屈辱時變得十分強烈。在這種情況下，人們感覺如同站在暴風雨中心般動彈不得，萬箭穿心般的壓倒性視線來自四面八方，令人彷彿失去任何感覺。

——《朝霞》

換言之，其實最傷害我們自尊的，是我們太過在意那些否定我們的一切。

我們觀察他人是否發現我們弱點的感覺，比我們觀察他人弱點的感覺要更加敏銳。

——《人性的，太人性的》

我們甚至會爲了保護自己而竄改記憶。

我的記憶說「這是我做的」。不過我的驕傲卻十分冷酷，說我不可能做這種事。最終記憶不得不讓步。

——《善惡的彼岸》

也因此若想眞正與他人對話、與他人分享，就絕對不能打擊對方的自尊。因爲我們知道讓對方接受自己犯錯，是一種非常痛苦的情緒。那是想否認卻不能否認的情緒，是一種想要完全支持自己的情緒。因此，**唯有在不否定對方、維繫自尊的前提下對話時，才能擁有健全且不令人反感的對話，這才是真正的傾聽情緒。**

尼采認爲唯有這樣的對話，才是具備理性與情緒的人類所進行的「有人性的對話」。不是只靠攻擊本能相互咆哮，而是人類之間的人性對話，這才是最有人性的行爲。

對你來說，最人性的是什麼？那就是為某人減少一些羞愧。

——《歡悅的智慧》

第八章

如跳舞一般走在屬於自己的路上

你還沒找到自己，卻反而發現了我。信徒都是這副模樣。但所謂信仰，並非毫無價值。我此刻命令你，拋下我，去尋找你自己。當你完全否認我時，就是那個時候，我便會回來。

——《瞧，這個人》

獅子做不到的事，小孩做得到

擺脫陰影獲得自由，同時配合自己的情緒與需求而活之人，正是「立法者」。尼采將立法者比喻爲「小孩」。若我們充分理解立法者，就能清楚明白爲何立法者是小孩，查拉圖斯特拉又爲何會說這番話：

我現在要告訴你們精神的三個變化階段，告訴你們精神為何一開始是駱駝，又如何從駱駝成為獅子，獅子又是如何成為小孩。

——《查拉圖斯特拉如是說》

我們的精神，一開始是駱駝。駱駝是背負著沉重的行囊、忍受無言痛苦的動物。即使穿梭在險峻的沙漠，仍沒有任何怨言，更願意爲了主人下跪。就像背負著衆多陰影活到今天的我們。

猶如世界的義務與習慣是沉重的行囊，我們的精神背負著這些，不斷朝沙漠深入。接著，在那淒涼且孤單的沙漠中，精神變化成了獅子。獅子渴望自由，於是決定與自己的主人，也就是上帝爲敵。上帝化身成爲巨大的龍，金色的鱗片閃閃發光，祂矗立在你面前，你能在龍的每個鱗片上看見「你必須要做」幾個字閃閃發亮。

然而，獅子正面對抗、咆哮吶喊著「我想做才要做」。牠知道，絕對的價值、唯一的價值已經不復存在，於是獅子鼓起勇氣，與上帝及上帝之影對抗。

但查拉圖斯特拉說，現在獅子必須變成小孩。爲什麼獅子必須變成一個無力的小孩？

首先，是因爲小孩的天眞爛漫。小孩不會有羞愧或罪惡感，也沒有倫理道德的觀念與習慣，他們就是「天眞爛漫」。他們不總是笑瞇瞇的嗎？他們什麼都不知道，只是興高采烈地笑著、跑著、玩著，那樣的輕盈便是天真爛漫，是孩子們原本的面貌。

這樣的小孩自然比獅子更強大。獅子雖然艱困地與龍對抗，爭取到了擺脫習慣、義務、罪惡感的自由，但小孩卻完全不知道這些東西的存在，只是依照與生俱來的本能享受。他們只是高高興興地享受自由。

小孩是與生俱來的超人

換句話說，小孩是依照與生俱來的本能，進行選擇和動作。他們還沒有學習任何事物，也不懂得任何需要遵守的規則或道德規範，所以他們只會依照自己的欲望驅使行動。

也因此小孩能夠做到獅子做不到的。獅子雖透過與龍對抗獲得自由，卻無法建立屬於自己的新法則；雖廢棄了神的法則，卻不懂得如何建立新的法則。

與此相對，**小孩依照自己的情緒、感受和欲望盡情動作，對他來說那就是法**

規。只去做讓自己愉快開心的事，不做令自己不快、不祥的事。他們會依照身體的驅使、好奇心的帶領盡情活動，他們已經是立法者。

更重要的是，小孩並沒有陰影，因爲他們沒有擔憂。準確地說，他們不會自己爲自己創造擔憂。

這可愛的「動物人」，將仔細思考這件事情，看成是會令心情陰鬱的狀態。所以他們說：「笑容與快樂所在之處思考是無益的」。這是真摯的動物們對「歡悅的智慧」所抱持的偏見。

——《歡悅的智慧》

大人們爲了做出正確的、賢明的判斷，會變得非常眞摯。但經過一番眞摯思考之後的結果，卻只是讓自己成爲上帝的奴隸、名分的奴隸。比起尋求喜悅、快樂與滿足，他們更容易讓自己受困在「義務」與「責任」之中。大人們投資許多時間與能量，卻幾乎都是在做一些反客爲主的愚蠢行爲。

小孩與大人不同，所以小孩是努力的強者。小孩只是忠於自己的情緒，依照自己身體的驅使去行動。他們忠於自己想要快樂、想要幸福的欲望，總是開朗地笑著，盡情享受喜悅與快樂。這種單純的行爲是已經獲得自由者、強者、超人的境界。

在學到如何露出開朗微笑的同時，我也學會超越自我昇華的方法。我學到當強制、目的與罪惡感有如雨水一般，在我們腳底製造出灰濛濛的霧氣時，應該睜著明亮的雙眼，從高處往下俯瞰，並露出開朗的微笑。

——《查拉圖斯特拉如是說》

對每件事皆感到愉悅的人，自然不可能厭惡自己的生命，人無法否定自己充滿笑容與喜悅的人生。歡喜接受生命，那正是對生命的樂觀。眞正的超人力量，便是源自這種對生命從不止息的樂觀，也因此小孩確確實實就是超人。

爲玩樂而出生的人

小孩的天職是玩樂，他們無時無刻都在玩。一睜開眼就在找什麼能玩，吃完飯就立刻再去玩。遊戲的目的就只是遊戲，遊戲並不是爲了實現什麼目的。比起物質上的關心或是占有欲，他們更重視喜悅、樂趣與快樂。那樣的快樂是選擇遊戲的動機、持續遊戲的動力。我們能夠從遊戲中的孩子其笑聲、開朗的肢體動作獲得證明。

事實上，就連對大人來說，遊戲都是這樣的存在。

那個人為了掌握愉快的真理、這個人為了掌握不快的真理而狩獵。但是就連追求愉快真理之人，都覺得狩獵本身比捕獲物更有趣。

——《朝霞》

遊戲之所以重要，是因爲那就是生命的節奏，是宇宙的節奏，是一切事物存在的變化、變形與流動：

> 誕生與破滅、建設與破壞是無關任何道德責任，永遠平等且單純無比的狀態。在這世界上，僅有藝術家與小孩的遊戲符合。小孩與藝術家如同遊戲一般，單純無比地把玩著這永遠的生動之火，不斷重複創造與摧毀。
>
> ——《尼采遺稿》

沒錯，遊戲是萬物不斷重複的道理。堆疊、粉碎、堆疊、粉碎……，也正是如此，才使宇宙更加豐饒、自然更加充實。雖不是爲了創造什麼而堆疊粉碎，但遊戲卻能使世界更加豐富。**人類的遊戲也是天生的一部分，是堆疊與粉碎的循環。無論是小孩或是大人都在遊戲，也藉著遊戲使我們的生命更加豐饒且充實。**

不斷玩樂的過程中，也能讓我們完整表露自己的心，隨著重複的堆疊與粉碎，遊戲也將逐漸滲入我們之中。

從創造或變形當中體會到的快感，是唯一的根本快感。

——《權力意志》

沉浸在愉悅的快感之中，會使我們專注、投入。善於這種投入的人，便是不斷玩樂的人，那就是小孩。

遺忘，是創新的一種方式

此外，小孩很容易遺忘，他們有時會很認眞地玩著一個玩具，接著很快又會對玩具失去興趣，開始追求下一個玩具；他們會爭吵也會很快和好、愉快相處；他們有時會拳腳相向爭搶玩具，很快又會像不曾爭吵過一樣手牽著手玩樂。小孩是遺忘的天才，他們擁有無限的好奇心、無限的挑戰精神，對喜悅的欲望會使他們快速投奔新事物的懷抱，也因此小孩沒有餘力把其他事物放在心上。

更重要的是，對尼采來說遺忘並不只是抹消一件事情，他反而認爲遺忘可以創造出上萬種事物。遺忘現有的方法與習慣，以前所未有的新觀點切入、獲得前所未有的新方法，並創造出前所未有的無數型態與方法。

還有上千條路尚未有人涉足。有上千種養生之道、上千座隱藏的生命之泉。人類是如此無窮無盡、尚未被發掘，人就是一片廣袤的大地。

——《查拉圖斯特拉如是說》

直率表達情緒的小孩就是這麼渴望玩樂，希望玩了再玩。他們熟悉身體的聲音，沒有任何目的、不帶任何義務地一再玩樂。孩子們這樣的遊戲能夠使人投入、使人遺忘，並成就新的創造。

天才是浪費的

工作時總會遇到這樣的人；當然我也不例外。

爲了獲得「十分的成果」，只做出「十分努力」的人；爲了獲得「十分的成果」做出「十一分努力」而感到委屈的人；只付出「五分努力」卻因沒得到「十分的成果」而焦急的人。我總會說這些人心懷不軌，像小偷一樣。

基本上，很多事情都必須做到「十分努力」才能開始看到「八分的成果」。在現實中，大部分的事情都會因爲許多無法預測的問題、意料之外的發展錯誤、許多無法預測的偶然，而必須付出比預期更多的努力。

但是我們都會忿忿不平地認爲，這些努力是白費工夫。因此，尼采才建議人們應該懂得「白費工夫」與「學會浪費」：

在工作或業績上，天才必然是浪費的。盡全力做事，就是他偉大的地方。……因為發散的力量伴隨壓倒性的壓力，不允許他退縮與卻步。……他是發散的、滿溢的、掏空自我的、毫不吝惜付出的。這是命運，是宿命，是自然而然的結果，如同江水會自然氾濫一般。

——《偶像的黃昏》

我們必須盡情浪費。因爲不是只做一、兩項努力與準備，事情就會成功。爲了能夠盡情浪費、爲了能夠盡全力付出、堅持，我們必須享受。

另外，玩樂的同時也必須享受，必須不斷享受才能撐到最後，才能毫無保留地付出。

尼采的骰子

「偶然」能使小孩的遊戲更加愉快。若沒有任何偶然，依照已經決定好的發展進行，那就已經不是遊戲而是工作了，不是嗎？已經有了明顯的結果，那人們還會夢想有什麼期待嗎？

所以查拉圖斯特拉才會說天空、大地與這個世界，是自己與上帝進行骰子遊戲的「神聖桌子」。

第一次丟骰子會丟出幾點？不知道，每一次都不一樣。那麼再次丟骰子會怎麼樣？仍然不知道。所以尼采才會說，這個世界充滿的不是必然，而是偶然。

我頭頂上的天空啊！你是純淨且高貴的！沒有永恆的理性蜘蛛與蜘蛛網，那

就是你的純淨！你是我神聖的偶然之舞池，是神聖的骰子與賭徒之神的神聖之桌！

——《查拉圖斯特拉如是說》

但可笑的是，很多人為了「尋找法則」、「尋找必然」而徘徊。我們相信法則賦予我們目的，為我們指出意義與方向。不過尼采斷言，「法則」這個東西從一開始就不存在，這世界只有偶然。當然，我們能透過偶然做出些微的推測，也能掌握模糊的模式：

模糊的智慧是有可能的。我從萬物之中發現這種幸福的確信，世間的一切都想以名為偶然的雙腳起舞。

——《查拉圖斯特拉如是說》

因此，我們不該執著於必然或法則，而是必須完美地將每個偶然融合在一起，我們必須將生命妝點成偶然的美麗和聲。

我是否定上帝的查拉圖斯特拉。我將所有偶然傾注到我的鍋子裡熬煮，當偶然在其中經過妥善料理，最終我將歡喜地接受那成為我的食物。

——《查拉圖斯特拉如是說》

享受不可預知的偶然

不過，膽小鬼們、吵吵鬧鬧地說自己最了解世界的人、學者們又如何呢？他們努力想將「偶然」變成「必然」，因爲他們害怕一切無法預測的事物，所以才會創造機率。

學者們站出來定義丟擲骰子的機率，越丟就越接近應有的機率，如今他們開始相信眞理，變得再也不需要丟擲骰子。

而小孩們又如何呢？他們每次丟骰子，總會帶著好奇心與期待感：「會出現

我將所有偶然
傾注到我的鍋子裡熬煮。
當偶然在其中經過妥善料理，
最終我將
歡喜地接受那成為我的食物。
——《查拉圖斯特拉如是說》

什麼呢？這次會變成什麼樣子呢？」越丟越興奮、越會發生有趣的事情。他們會繼續丟擲骰子，期待著下次可能出現的東西。

他們揮著汗，將丟擲骰子稱為一門學問。而小孩則只想玩樂，這才是最美麗、最像個孩子的行為。並不是稍微笑一下，就會妨礙遊戲的進行。

——《尼采遺稿》

縱使世界不斷循環，是否仍偶爾會出現意料之外的數字？人類歷史上不也有許多當時始料未及的革命事件嗎？哪個舊石器時代的人類，會相信未來人類竟能登上月球？學者們不了解這點，膽小鬼看不見這樣的未來。

而小孩又如何？小孩雖只是玩樂、享受偶然，但他們不也是在創造始料未及的許多喜悅、無法預測的眾多新穎嗎？他們盡情享受、體會偶然，欣喜地邁出步伐前往未知的世界，顯得更加自在。

不要害怕危險的生活

我們所擁有的孤單與挫折背後，大多都盤踞著恐懼。但若靜靜觀察那顆心，很快就能瞭解其眞實爲何。

那裡彷彿有再也無法一帆風順的恐懼、有安定與和平無法持續的恐懼，以及或許會繼續墮落的畏懼等思緒在蠢動。所以我們有多麼想逃避孤單與挫折，就有多麼不願感受不安與恐懼；有多麼期待喜悅與成功，就有多麼渴望安定與和平。

一帆風順的人生、安定與和平……，我們總是夢想、渴望著這些。不過這些理所當然的需求，反而是使我們遭到艱困情緒席捲的主因：**有多麼渴望安定與平靜，就有多麼不願意接受可能威脅到這些的小小風險與不穩定**。因爲所有的威脅、危險、無法預測的偶然都使我們繃緊神經，沒有一分一秒不顫抖。

也正是因此，尼采才會說安樂並非我們的目標，甚至我們必須譏諷、輕視安樂。在所有人都賭上性命鬥爭的競技場，你卻獨自一人悠然自得地夢想穩定、渴望和平！這是多麼偏安、多麼懦弱的無稽之談？因此，他點出這樣懦弱的心態，正是衰退的象徵：

想永生或只求不死，本身就是一種衰老情緒的象徵。因為活得越是充實、越是坦誠的人，就越有為一種偉大情緒獻上生命的覺悟。

——《人性的，太人性的》

或許人們會問，追求安定與平穩爲何是種懦弱的想法？爲何不現實？

那我想反問，你相信我們的身體，現在非常平靜嗎？當下這一刻，我們的身體都在進行無數的對抗。只要我們身體的免疫力稍微下降，我們就會生病，最後將會腐壞。看看死去的屍體！腐敗得有多麼快速……，那證明了活著就是無止盡的「持續對抗」。

依照尼采的說法，我們隨時都想追求權力意志，因此只能處在競爭與對抗的現實中。放棄力量與其說是追求和平，不如說是變得懦弱，是變得年老與衰弱而已。我們的安定與安樂若長久持續，甚至會讓我們感到倦怠，這就是人。

即便如此，你仍夢想安定、順遂與和平嗎？或許那才是眞正的壞心不是嗎？那是希望世界上只存在自己需要的、對自己有利的東西，接近妄想的一種期待心理。有如希望陽光普照的好日子持續不間斷、希望從此不要有病痛的心態一樣。但衆所皆知，持續陽光普照的結果將會使世界成爲沙漠；從此不要有任何病痛，會使我們失去鍛鍊免疫力的機會，這兩者的結果都是毀滅。

即便如此仍夢想安定與順遂嗎？那或許是因爲太過害怕接受整個世界充滿偶然的事實；或許是太過害怕，所以想要迴避偶然的一種掙扎。不過偶然並不會因此避開我們，所以我們應該欣然接受偶然。當我們接受偶然，就等同於接受冒險，因爲我們已經對無法預測的未來發出挑戰。

不能嘗試否認世界混亂與不穩定的性格。

——《權力意志》

別忘記！這個世界有喜悅、有順遂也有成長，但同時也有悲傷、逆境與退步，有穩定也有危險。所謂的安定，不就是以危險為前提才存在的嗎？這一切都無法獨立存在，而這世界有多少必然，就也充斥著多少偶然。

因此尼采才會大膽宣告，要我們危險地活著。光是活得危險，就能讓我們好好的端正生活，能讓我們活得更生動、更有呼吸的力量。

在現實和存在中，能夠收穫巨大果實與快樂的祕訣就是這個。危險地活著！把你們的城市建立在維蘇威火山邊吧！將你們的船駛向未知的大海吧！和跟得上你的人一起，並活在他們與你的對抗中吧！認識他們的人啊，若無法支配並擁有，那就成為掠奪者或征服者吧！

——《歡悅的智慧》

自然舞動的雙腳

小孩能夠無比自由、無比生動地活著，有個最明確的原因，那就是他們用全身思考、用全身行動。每一個瞬間，小孩都是身體本身：

「我是身體也是靈魂。」小孩說。……可是清醒者，覺醒者說，我只是身體而已，此外什麼也不是。靈魂不過是身體裡的某個地方所附帶的名字而已。

——《查拉圖斯特拉如是說》

比起言語，小孩更會用身體表達自己、用身體展現自己。不是用言語而是用身體，擺脫所有束縛自由地表達需求，那正是「舞」。

掃除所有人性的、社會的、道德的束縛，像個孩子一樣舞動、跳躍吧！

——《尼采遺稿》

唯有舞，濃縮了所有最像小孩的行爲。這裡的舞並不是依循固定規則所跳的舞，而是依靠自己身體原本的節奏與節拍，唱出發自體內，無法用言語形容的一切行爲。那是不受任何規則所約束的天眞爛漫的自由，是手腳依循自身需求與身體流動所做出的動作，是配合節奏跳動的心臟，以及透過那顆心臟活動的生動喜悅，是隨著一個又一個的舞姿而被遺忘的悲傷、遺憾、恐懼。唯有舞，才是我們天生最自然的身體表達，是身體的歌。

舞就是孩子氣的結晶，是最激昂的超人的行爲。

一起跳舞吧！

在笑容之中，即使身邊充斥著形形色色的惡，那些惡本身也會透過幸福而變

得神聖，也可能因而破滅。所有沉重的事物均變得輕盈，成為全身都在跳舞的人，全副精神也化作一隻鳥！若那對我來說就是救世主，那麼那將成為我真正的救世主！

——《查拉圖斯特拉如是說》

以上，這正是《查拉圖斯特拉》作品中最常出現的舞。無論是在電影還是小說裡，例如：一九六四年希臘裔美國人拍攝的喜劇電影《希臘左巴》（*Zorba the Greek*）的高潮，就是左巴跳舞的場景。

在電影的結尾，敍述者與左巴都失去了所愛之人，曾經成功在望的煤礦山也崩塌了。他們失去一切，全以失敗告終，這時左巴告訴身爲敍述者的「我」如何跳舞。透過他們的舞，我終於開始用盡全身的力氣，傾吐懷抱在胸口的夢想、煩惱，以及來自失敗的挫折與恐懼。我翩翩地將手腳朝空中擺動，腳尖配合著身體的節奏重複跳躍、落下。浪潮聲、海風與左巴和我合而爲一，他們就這麼跳了好一陣子的舞。憶起自己身上的一切，並將那樣的回憶化作舞步，直到一切全都煙消雲散。到了隔天，他們便彷彿那些事不曾發生過一樣，放下一切並踏上各自的路途。

這正是舞。不是用言語，而是用全身接受、表達自己遭遇的所有命運，那肆無忌憚且自由地發洩，讓一切的不幸與恐懼煙消雲散；在任何情況下都能讓人不屈不撓地找回樂觀的，這就是舞。

即便有大地的沼澤與深沉的悲傷，腳步輕盈者仍能在紙窗上輕巧行走，宛如在平坦的冰面上游泳一般舞動。

——《查拉圖斯特拉如是說》

就像左巴一樣，尼采也認爲「舞」是超人與最強大敵人戰鬥的戰術。

超人最強大的敵人是「重力之靈」，就是以衆多的觀念、道德與義務壓抑我們，以眞摯這個荒誕的概念強迫我們，使我們陰鬱的始作俑者。因爲對手是這樣的惡靈，所以不能依靠想法，而是只有輕盈翩然的舞步，才能與不斷將我們向下拉的邪惡重力之靈連根剷除。

我就是我年老的惡魔。在發現最大的敵人重力之靈以及創造它的一切，即是在發現強制、規定、必要與結果、目的與意志、善與惡等的地方，需要超越那一切起舞，也必須要有能在起舞時跨越到彼端的東西存在，不是嗎？

——《查拉圖斯特拉如是說》

幸好，我們不必特別向誰去學這套舞，只需要找回自己就好：直視自己擁有的情緒與感受，用全身表達出來即可。那套舞天生就存在我們之中，當我們嘗試尋找自我時，就會開始跳起那套舞。

我的小手不過啪啪地拍了兩下，而我的雙腳早已忙碌地跳起舞來。我的腳跟抬起，我的腳趾為了揣摩你的心思豎起耳朵。舞者的耳朵就在腳上！

——《查拉圖斯特拉如是說》

跳舞，是面對無常世界的最佳姿態

當我們找回心中的小孩，就等於找回了舞。那要如何找回內心的小孩呢？直視自己的情緒、與眞正的自我對話次數越來越多、完全接納身體回應的感覺並遵從它；我們的生命就會開始翩翩起舞。

如果想知道有些人是否走在他自己的路上，那就看他的步伐！再看看我自己行走的模樣！越是接近自己目標的人，就越懂得跳舞。

——《查拉圖斯特拉如是說》

用節奏帶動自己的情緒與感受，進而面對工作與他人；用想宣洩自我的需求打出節拍，並且配合一個個的節拍毫不猶豫地向前邁進：一個節拍、一個節拍，試著完美配合自己的節奏，就能開始漸漸沉浸在自己面對的一切中。折磨我的、令我頭痛的事消失得無影無蹤，眼前的事情則讓人有如遊戲一般充滿享受、完全沉浸其中。每一瞬間都很投入，每一瞬間都能享受投入的喜悅。

玩樂時便投入在玩樂之中，工作時便投入在工作之中，與人相遇便投入在人際相處之中，投入在令你愉快、感到和諧的地方。面對日常生活中的小事時，要投入在每一根手指的顫抖；站在開闊的原野上，便要陷入自然的驚奇。完全沉浸在眼前所見的事物中，沉溺在伸手可及的一切之中。每一天都要投入、每一天都要過得不知時間如何流逝，這樣一來流逝的時間就會充滿豐饒的回憶。

比起不安、逃避，我們將更懂得接受生命的挑戰是隨時充滿危險與刺激的，更懂得盡情品嘗那樣的驚奇與冒險。或許這樣，才是用全身跳舞所獲得的真正魔力。這麼生動地起舞，是我們如此相信自己、信賴自己的身體才會擁有的反應。

內心自由，就能擁有健康人生

羅哲斯也說：「要將自己完全交給生命的洪流。有趣的是，當個人的內心變得自由，就會爲了實現健康的人生而選擇這個過程。」信賴自己的情緒與感受，再去面對這個世界時，一切都將成爲新穎且豐饒的過程。我們將以那樣的信賴爲基礎，跳脫眞摯與恐懼，欣然地躍入所有的危險與冒險之中。

許許多多的偶然神氣地向我而來，我的意志卻更加堅定地與他說話。於是偶然哀求地跪了下來。

——《查拉圖斯特拉如是說》

沒錯，正視自己的情緒與需求，毫無顧忌地實現那一切，反而是面對這個無常世界的最佳姿態。雖然我們只是端正地活著自己的人生，但會生動地與世界相互呼應，時而成就促使世界轉動、改變的行爲。這樣走自己的路的人，會像用全身的力氣跳舞一樣地活，而世界也將呼應他並隨之改變。

所以我們活著的每一瞬間，都必須忠於自己的需求，並藉此讓自己每天沉浸在喜悅當中。當我們如此沉浸在喜悅之中，執著與傷口都將煙消雲散，生命會變得充實無比。記住，我們必須每天都像在跳舞一樣地活。

不曾跳舞的那天，就當作遺失的一天！而沒有任何笑容的真理，就當作是謊言！

——《查拉圖斯特拉如是說》

不曾跳舞的一天就是遺失的一天！啊，不知不覺間，我的腳又因渴望跳舞而蠢動了起來。

飛在高空中的人，免不了看起來渺小

以丹麥思想家布蘭德斯（Georg Brandes，一八四二～一九二七年）與海德格爲首，至今仍持續有許多對於尼采的詮釋。不過每個人都只是基於自己的理解做出解釋，並不存在唯一的正解。這是詮釋者對尼采的觀點，也是尼采作品的迷人之處，這甚至是尼采本人刻意爲之。

尤其《查拉圖斯特拉如是說》這本書，其文字的形式與模糊，都使它的解讀更爲開放。也就是說，其中的文字會隨著解釋的不同，而讓人有不同的理解。沒有人能否定這一點。從這層意義來看，我在本書中的詮釋，也不過只是衆多解釋中的一種。希望各位能把這本書當成以心理學的角度切入，並能實際運用於生活中的尼采註釋書。

當然，可能會有人對我的詮釋提出質疑。

尼采如此渴望的對象，就只是個小孩嗎？僅僅只是看著自己，要如何改變這麼多事情？

超人雖然像個天真爛漫的孩子，卻同時也是無論面對任何危險，都會毫不猶豫勇於挑戰的大度者。而在進化中存活下來的超人，心中也有著經過打磨的銳利直覺蠢蠢欲動。

關於「小孩」的詮釋，心理學家羅哲斯將「能充分發揮作用的人」比喻爲小孩。他口中能充分發揮作用的人不是籠統的專制，而是他透過臨床經驗所發現，那些找回實現傾向之人的共通點。意思是，當我們獲得充分的治癒，得以找回自己時，我們就會像個孩子一樣。

事實上，中國的老子思想或美國心理學家馬斯洛（Abraham H. Maslow，一九〇八～一九七〇年）同樣也在小孩的模樣中，尋找自我實現者的姿態。他們都說，唯有孩子氣才是自我最自由、最真實，也是最具創意的模樣。不過，上面這個問題最明確的答案，其實是這個：「去實踐吧！」

實踐過便會明白，一一從束縛自己的刻板觀念中獲得自由，可以讓我們的想法變得多麼開闊。像小孩一般天真爛漫，可以讓每一天變得多麼自由、愉快。

把尼采的思維，實際運用在生活中

此外，你也會漸漸更加明白，當真實的自我一一清晰地顯露之後，你會認識到自己的直覺有多麼值得信賴、有多麼敏銳精準。它超越了生澀的語言，是在天生的權力意志中發現，經過進化的驚人產物。

而你也會感受到，過去自己在生活中有多麼忽視自己。那不知究竟在過誰的人生，成天只能看人臉色、不斷競爭的生命，是多麼不安、多麼可嘆。

越是體驗就越能看見自己、越感到自在，也就越能感受到清楚地看見自己，是一件多麼愉快的事，以及這樣的人生有多麼可靠珍貴。

如果不會試過，就無法理解這樣的喜悅。因此一次也好，多實踐一些吧！那些變化或許看起來大同小異、或許會讓你覺得自己更自私，但改變得多，總有一天才會徹底改變，最終會讓我們看見自己不斷尋找的事物，看見堅強的自尊、看見堅強的自己。

當然，並不是習慣這個方法之後，就能夠超越生命，或自悲傷與痛苦中徹底解放。

我們依然會哭、會笑、會開心、會悲傷，會做憤怒且愚蠢的事。不過那是我們所擁有的情緒，只要做符合情緒的事就好，情緒很快就會消退，讓你再次找回樂觀。這樣一來在面對失敗時，你將會尋找新的方法，而不是一味地挫折；你會展現不屈的意志，而非沮喪地自暴自棄；你會朝向更美好的未來前進，而不是安坐在原地；你會隨時爲了最適合自己的人生調整目標，而不是建立遠大宏偉的目標。因爲你明白，重要的不是目標，而是自己的人生。

一定要試過才知道。因爲這一切並不是透過理解，而是必須用身體去體驗。當然，也並不是這樣就能立刻擁有巨大的財富，或成爲強大的掌權者。只能讓自己更好，每一天都比前一天更加快樂、更加安定，會讓你想多加體驗這種有樂趣的生活而已。

為此，尼采在《查拉圖斯特拉如是說》當中，才會留下這句話：「飛在高空中的人，免不了看起來渺小。」

17. Unpublished Fragments(Summer 1886–Fall 1887)
18. Unpublished Fragments(Fall 1887–Winter 1888/89)
19. Editors' Afterwords/Chronology of Nietzsche' s Life/General Index

- Friedrich Nietzsche, 『The Birth of Tragedy』, Douglas Smith(Translator),Oxford University Press, 2009
- Friedrich Nietzsche, 『Human, All Too Human : A Book for Free Spirits』, by R. J. Hollingdale (Translator), Dover Publications, 2012• Friedrich Nietzsche, 『The Dawn of Day』, J. M. Kennedy(Translator), Dover Publications, 2007
- Friedrich Nietzsche, 『The Joyful Wisdom』, Thomas Common(Translator), CreateSpace Independent Publishing Platform, 2016
- Friedrich Nietzsche, 『Thus Spoke Zarathustra : A Book for Everyone and No One』, R. J. Hollingdale(Translator), Penguin Classics, 1961
- Friedrich Nietzsche, 『Beyond Good and Evil』, Helen Zimmern(Translator), Digireads.com Publishing, 2016
- Friedrich Nietzsche, 『On the Genealogy of Morals』, Douglas Smith (Translator), Oxford University Press, 2009
- Friedrich Nietzsche, 『Twilight of the Idols and The Anti-Christ』, Thomas Common(Translator), Digireads.com Publishing, 2018

參考書目

- The Complete Works of Friedrich Nietzsche, STANFORD UNIVERSITY PRESS
  1. The Birth of Tragedy/Unpublished Basel Writings(Winter 1869/70–Fall 1873)
  2. Unfashionable Observations
  3. Human, All Too Human I
  4. Human, All Too Human II/Unpublished Fragments from the Period of Human, All Too Human II(Spring 1878–Fall 1879)
  5. Dawn
  6. The Joyful Science/Idylls from Messina/Unpublished Fragments from the Period of The Joyful Science(Spring 1881–Summer 1882)
  7. Thus Spoke Zarathustra
  8. Beyond Good and Evil/On the Genealogy of Morality
  9. The Case of Wagner/Twilight of the Idols/The Anti-Christian/Ecce Homo/Dionysus-Dithyrambs/Nietzsche Contra Wagner
  10. Unpublished Fragments from the Period of The Birth of Tragedy(Fall 1869–Spring 1872)
  11. Unpublished Writings from the Period of Unfashionable Observations
  12. Unpublished Fragments from the Period of Human, All Too Human I (Winter 1874/75–Winter 1877/78)
  13. Unpublished Fragments from the Period of Dawn(Winter 1879/80–Spring 1881)
  14. Unpublished Fragments from the Period of Thus Spoke Zarathustra (Summer 1882–Winter 1883/84)
  15. Unpublished Fragments from the Period of Thus Spoke Zarathustra (Spring 1884–Winter 1884/85)
  16. Unpublished Fragments(Spring 1885–Spring 1886)

self-help
S
02

讓尼采當你的心理師

學習用最快樂的方法享受痛苦、成爲超人，從此不再被情緒左右

作　　者｜朱賢成（주현성）
譯　　者｜陳品芳
封面設計｜木木 Lin
內文排版｜葉若蒂
選書編輯｜周書宇
責任編輯｜周書宇

出　　版｜境好出版事業有限公司
總 編 輯｜黃文慧
主　　編｜賴秉薇 · 蕭歆儀 · 周書宇
行銷經理｜吳孟蓉
會計行政｜簡佩鈺
地　　址｜10491 台北市中山區松江路 131-6 號 3 樓
網　　址｜https://www.facebook.com/JinghaoBOOK
電　　話｜（02）2516-6892
傳　　真｜（02）2516-6891
電子信箱｜jinghaopublishing@gmail.com

發　　行｜采實文化事股份有限公司
地　　址｜10457 台北市中山區南京東路二段 95 號 9 樓
電　　話｜（02）2511-9798
傳　　真｜（02）2571-3298

法律顧問｜第一國際法律事務所 余淑杏律師

定　　價｜420 元
初版一刷｜2021 年 9 月
Printed in Taiwan　版權所有，未經同意不得重製、轉載、翻印

特別聲明　有關本書中的言論內容，不代表本公司立場及意見，由作者自行承擔文責。

오늘 잃어버린 자존감을 찾았습니다 : 온전한 나를 만드는 니체의 자존감 회복 수업
Copyright ⓒ 2019 by Ju Hyunsung
All rights reserved.
Original Korean edition published by Bookstory Inc.
Chinese(complex) Translation rights arranged with Bookstory Inc.
Chinese(complex) Translation Copyright ⓒ 2021 by JingHao Publishing Co., Ltd.
through M.J. Agency, in Taipei.

國家圖書館出版品預行編目 (CIP) 資料

讓尼采當你的心理師 : 學習用最快樂的方法享受痛苦、成為超人，從此不再被情緒左右 / 朱賢成 (주현성) 著 . -- 初版 . -- 臺北市 : 境好出版事業有限公司 , 2021.09
　面；　公分　譯自 : 오늘 잃어버린 자존감을 찾았습니다 : 온전한 나를 만드는 니체의 자존감 회복 수업　ISBN 978-986-06621-8-4(平裝)
1. 尼采 (Nietzsche, Friedrich Wilhelm, 1844-1900) 2. 學術思想 3. 自尊
147.66　　110011765